沖縄「自立」への道を求めて

基地・経済・自治の視点から

宮里政玄／新崎盛暉／我部政明＝編著

大城 肇／来間泰男／桜井国俊／佐藤 学／
島袋 純／平 恒次／仲地 博／星野英一／
前泊博盛／松元 剛／宮田 裕

高文研

はじめに

人類はこれまで経験したことのないスピードで、地球規模で、しかも自然界をも巻き込むグローバル化のうねりのなかにある。特に、通信技術の飛躍的発展によって、人びとの間にあったさまざまな距離が縮まっている。そのため、別々の社会で暮らしてきた人びとの間で、地球社会のなかで起きる現象を知り、それを理解して意味づけることが共有されつつある。たとえば人権や環境について、人間が生まれながらにしてもつ権利であり、いまある地球環境をなくして人間は生存できないことなどは、異なる社会や文化を超えての共通する認識となってきた。

私たちの住む東アジアでは、国境を越えて協力しあう関係が生まれ、さまざまな国際組織や地域統合が登場してきた。同時に、東アジアは周辺のロシア、東南アジア、インド、豪州、米国、ＥＵとの経済や金融の現実の結びつきを強めてきた。二一世紀を迎えると人びとの間でも一体感のもてる地域として東アジアが認識され始めている。

朝鮮半島問題や金融危機を契機に日本、中国そして米国の関係のありかたに変化の兆しが垣間見られる。オバマ政権の米国は、二国間外交から複数の当事国が双方に影響をもつ多国間外交への流れを作り出しつつあるかに見える。金融危機の深刻さが増すと、米国内で保護主義の要求が高まり、一九三〇年代のような孤立主義的な外交政策へと転換しかねない。

いま世界は、米軍基地を正当化した冷戦時代とは異なる時代に入っている。にもかかわらず、沖縄では一九七二年以降、現在に至るまでも冷戦時代の発想が依然として根強く残っている。沖縄の米軍基地をみる際に日米の専門家たちは、この冷戦の視点を強調する。

さらに問題を深刻にしているのが、沖縄の内部にある日本政府への依存以外の選択肢のあることを発想することすら放棄する傾向である。

たとえば沖縄県の県民所得は、全国で最も低い。しかしその額をドルに換算して先進工業国のリストに並べてみると、中位か下位あたりに位置する。つまり、沖縄は世界の中では経済的「豊かさ」を享受している。国内に視点を転じても、都道府県別の県民所得で平均を超えるのは九つしかなく、三八の道府県が平均以下である。そこからはむしろ、国内格差が浮かび上がる。

そこで、これまでの「常識」を覆すことで見えてくる沖縄の将来を探ろうと、「いまこそ発想の転換を！」実行委員会（宮里政玄代表）が、二〇〇八年四月に立ちあがった。この委員会に参加した者たちは、依然として冷戦感覚のままでいる日本、沖縄、米国の対日・対沖政策に決別して、さまざまに生起する国際的、国内的な現象を取り上げ、その理解方法の変化を通じて、将来の沖縄を考えるときを迎えている、と考えたのである。そのときに最大の障害となっているのが、地球化時代にはほど遠い沖縄にまつわる「常識」なるものであった。

この委員会は、沖縄についての「思い込み」を問い直し、論点を整理し、将来構想を問う活動を終えて、二〇〇九年三月に解散した。

本書は、この実行委員会の単なる活動記録ではなく、活動のなかで生み出された、沖縄の将来につなげるさまざまな論考を世に問うことを目的としている。本書は、これまで思い込まされてきた「常識」を飛び越えて、新たな構想をまとめたものだ。これを踏み台にして、さまざまな議論が噴き出し、沖縄の人びと自らの足で立つ、着実かつ創造的な発想への一歩を踏み出すことを願っている。

二〇〇九年四月一三日

編　者

もくじ

第Ⅱ部　沖縄の基地を問い直す

❖沖縄が東アジアで果たしうる役割

【資料】

各章扉写真＝石川 真生
装丁＝商業デザインセンター・松田 礼一

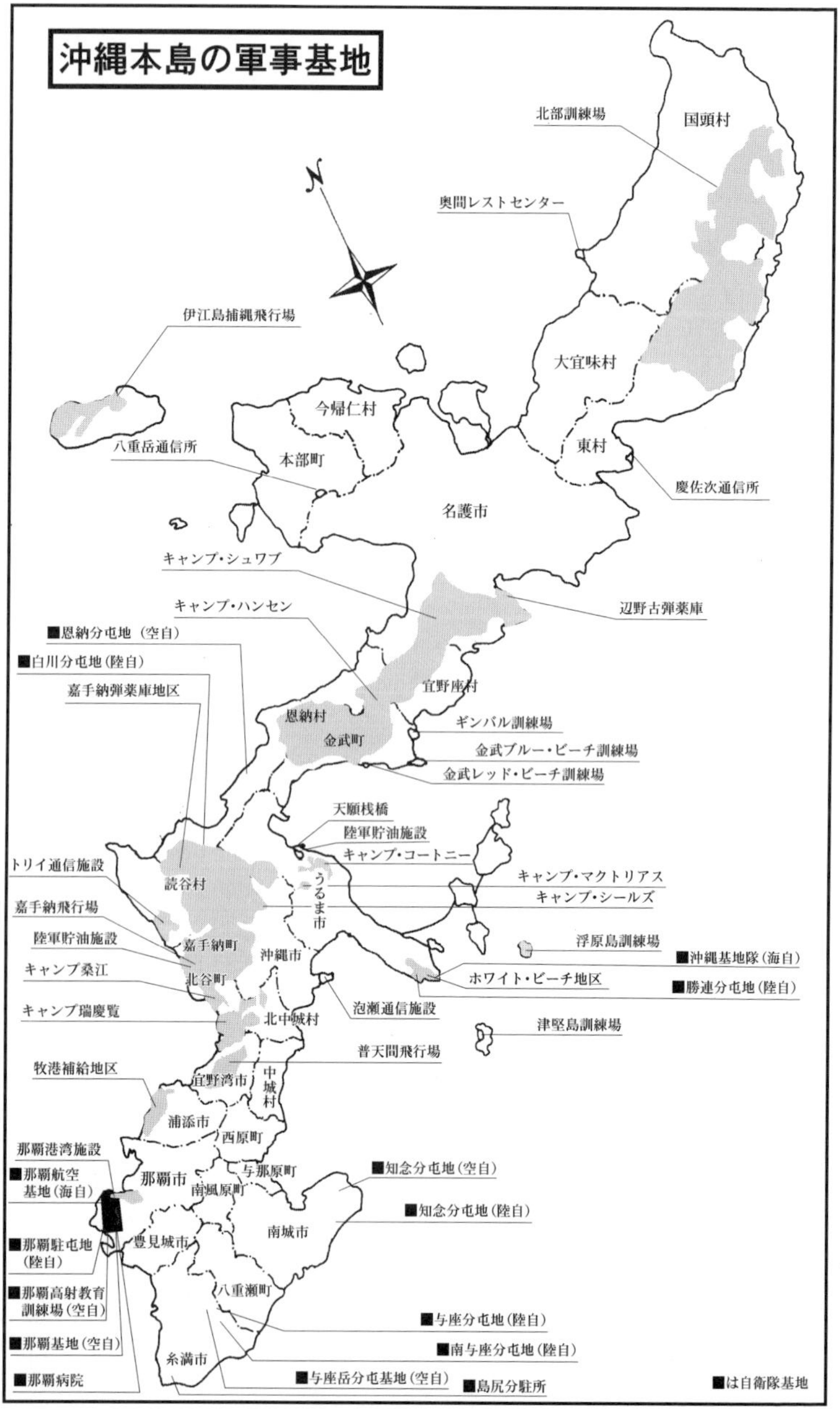
N
北部訓練場
国頭村
奥間レストセンター
伊江島補縄飛行場
大宜味村
今帰仁村
本部町
八重岳通信所
東村
慶佐次通信所
名護市
キャンプ・シュワブ
辺野古弾薬庫
キャンプ・ハンセン
■恩納分屯地（空自）
■白川分屯地（陸自）
嘉手納弾薬庫地区
宜野座村
恩納村
金武町
ギンバル訓練場
金武ブルー・ビーチ訓練場
金武レッド・ビーチ訓練場
天願桟橋
陸軍貯油施設
キャンプ・コートニー
トリイ通信施設
読谷村
うるま市
キャンプ・マクトリアス
キャンプ・シールズ
嘉手納飛行場
陸軍貯油施設
嘉手納町
沖縄市
浮原島訓練場
■沖縄基地隊（海自）
キャンプ桑江
北谷町
ホワイト・ビーチ地区
■勝連分屯地（陸自）
キャンプ瑞慶覧
泡瀬通信施設
北中城村
津堅島訓練場
普天間飛行場
牧港補給地区
宜野湾市
中城村
浦添市
西原町
那覇港湾施設
■那覇航空基地（海自）
那覇市
与那原町
南風原町
■知念分屯地（空自）
■知念分屯地（陸自）
■那覇駐屯地（陸自）
豊見城市
南城市
■那覇高射教育訓練場（空自）
八重瀬町
■与座分屯地（陸自）
■那覇基地（空自）
■南与座分屯地（陸自）
糸満市
■那覇病院
■与座岳分屯基地（空自）
■島尻分駐所
■は自衛隊基地

沖縄本島の軍事基地

「属国」からの脱却をめざして

沖縄対外問題研究会代表〔国際政治学〕
宮里政玄

第一回目の琉球新報社の池宮城秀意賞（二〇〇八年）を受賞した *Japan Focus* のガバン・マコーマック（オーストラリア国立大名誉教授）は、小泉・安倍両政権の下で日本は「属国」に変容したと断じている（『属国　米国の抱擁とアジアでの孤立』凱風社／〇八年）。彼によれば「属国とは植民地でも傀儡《かいらい》国でもない、うわべだけでも独立国家の体裁があるが、自国の利益よりもほかの国の利益を優先させる国家」のことである。日本は上記の両政権に限らず、第二次大戦後の時期を通じて米国の「属国」であったと言っても過言ではないだろう。沖縄は、属国日本の一部でありながら、米国の軍事植民地だったとも言えようか。その根源は、一九五一年の対日平和条約と、米国を中心とする「ハブ・スポークス」安全保障体制に求めることができる。まず、後者から始めよう。

❁「ハブ・スポークス」安全保障体制

東アジアの国際環境についてよく指摘されるのは、まとまった地域としての歴史が著しく欠けているということである。東アジアは、歴史的・文化的多様性、外国による植民地支配、異なる経済発展段階、地理的な距離と孤立などのために、全東アジアの地域主義はほとんど育たなかった。存在していたのは中華帝国を中心とする朝貢制度、列強による植民地支配、第二次世界大戦中の日本による軍事支配であった。

冷戦初期に米国はこの特徴をうまく利用して、米国を中心とする安全保障システムを構築した。米国のグローバルな戦略目標は、国際共産主義の脅威に対処し、中ソの「侵略」を封じ込めることであった。日本に関しては、後述する「潜在主権」の名目で沖縄における大規模な基地建設と日本本土における米軍駐留を容認することを条件に、日本に米国市場を開放した。そして中国市場に代わるものとして、賠償をテコにした「経済協力」を通じて東南アジア市場に参入するのを認めることによって日本の経済発展を図った。

他方、米国は、日本の軍事的脅威の再来を恐れる地域諸国との間に、米韓、米比、ＡＮＺＵＳと個別的な安全保障条約を締結した。これが米国を中心とする「ハブ・スポークス」安全保障体制である。日米安保条約は、日本の再軍備化の防止を保証するビンの蓋にたとえられた（「ビンの蓋論」）。米国が日本を封じ込めたビンの蓋を抑えている限り、日本は二度と東アジアの脅威にはならないというわけである。

かくして日本は、日米安保条約によって米国のコントロール下に置かれることになった。極言を恐れずに言えば、日本は自らの軍事・外交政策を策定する必要はなかった。ただ、米国の言うがままに従っておればよかったのである。日本が米国の「属国」と言われるゆえんである。

私は、ケント・カルダー（一九九七年から二〇〇一年まで駐日米大使の特別補佐官を務めたことのある政治学者）とは日米関係に関する立場は基本的に異なるが、彼の次の文章には全面的に賛同する（『日米同盟の静かなる危機』ウエッジ／〇八年）。

「日本の平和憲法や核への拒絶反応を考慮し、日米のエリート層は安全保障問題を議論することを避け、理解を求めることとすらしなかった。安全保障を論じさせないというこの手法は、核への拒絶を考慮し、日米のエリート層は安全保障問題を議論し検討することを避け、（国民の）理解を求めることとすらしなかった。」

国民や国会でのまともな論議を経ずして日米間の条約、協定、合意などが日米のエリート間で締結されたことが、「密約」の根源をなしている。また、政府の政策と世論の間に大きな乖離があるため、政府は米軍基地を維持するためにはカネ（「思いやり予算」や基地対策費など）に頼らざるを得なくなる。

米国が日本に対して市場を開放するなど、経済的に寛大でありえたのは、対日平和条約第三条で、沖縄の無期限な「排他的統治」権を獲得できたからであった。この第三条の「潜在主権」の作成に関しては、学界に定説はない。そこで、次にこの「潜在主権」の作成過程とその目的に関する私見を要約し、沖縄の施政権返還（一九七二年）後にそれを日本政府が引き継いだ「補償型政治」を取り上げたい。

「潜在主権」下の植民地統治から「補償型政治」へ

◆「潜在主権」

念のため、対日平和条約第三条を引用しておく。

「日本は、北緯二九度以南（略）を唯一の施政権者とする信託統治制度のもとにおくこととする国際連合に対する合衆国のいかなる提案にも同意する。このような提案がなされ且つ可決されるまで、合衆国は、領水を含むこれらの諸島および住民に対して、行政、立法及び司法上の権力の全部及び一部を行使する権利を有する。」

この第三条の作成過程を簡潔に記すと、米国防総省は、沖縄を国連の信託統治下に置くことを要求していた。しかしこの案に対しては、すでに一九五〇年六月、国務省極東局の職員はジョン・フォスター・ダレス（一九五〇年に国務省顧問となり、対日平和条約交渉を担当していた）に対し、こう警告していた。すなわち、国連の戦略的信託統治は国連安保理事会におけるソ連の拒否権のため不可能だ。通常の信託統治については国連総会の承認は得られるだろうが、信託統治の運用に対する国連の監視は厳しく、信託統治が米国の戦略的要請と両立するかどうかは疑問である。国防総省がこの問題を検討していないのは問題だ。

さらに、一九五一年初めの日米交渉に関する国防総省への報告によると、「通常の信託統治の承認は、国連総会の決定で充分だが、ダレスは、米国が特別な軍事的権利を獲得するのに必要な国連総会の三分の二の賛成票が確実に得られるかどうかについては自信がないと言っている。」

ダレスが自信を持てなかった背景には、一九四八年から翌四九年に沖縄を襲った一連の台風により軍事施設がほぼ全壊したため、大規模な恒久基地建設が計画され、一九五〇年六月の朝鮮戦争勃発を契機に実施に移されていたということがあった。そこでダレスは、国連の信託統治下ということになると大規模な軍事基地が建設できないことを恐れたのである。それで一九五一年三月、台湾、朝鮮などに対する日本の主権放棄を定めた平和条約の第二条から琉球と小笠原を分離して第三条で規定した。前述のように第三条では日本の主権放棄は明記されず、それによって日本は「潜在主権」を有するものと解釈された。それはパナマ運河地帯の例を模したものといわれる。

「潜在」であれ、主権を日本が有するのであれば、その同意の下で米国は沖縄で自由に軍事基地を建設できる。しかも、米国は沖縄の将来の処遇について、対日平和条約調印諸国の承認を必要としない「フリーハンド」を獲得した（詳細については、拙論、「米国の沖縄統治政策―一九四八～一九五三」、『沖縄戦と米国の沖縄占領に関する総合的研究』、課題番号14202010、平成八年三月）。要するに、信託統治では進行中の大規模な基地建設が不可能だという状況で、沖縄を排他的に統治していくためには、日本の「潜在主権」を設定しておくことが、米国にとって不可欠だったのである。日本の

「潜在主権」を米国に認めさせたのは吉田外交の成果だという、学界での通説に近い解釈は明らかに不十分だと考える。

◆軍事的植民地

米軍統治下の沖縄については、いまさら細かく論ずるまでもないだろう。軍事的植民地支配とは、米国現役軍人による行政、立法、司法の三権の行使である。強制的な軍用地収用、基地依存経済、人権侵害など、軍事優先の統治についてはすでに論じ尽くされている。ポール・キャラウェイ高等弁務官（米琉球軍司令官兼米国民政府の長）は、沖縄住民の自治権拡大要求に対して「自治は神話である」と公言した（一九六三年）。

また、沖縄は「太平洋の要石《かなめ》」(Keystone of the Pacific) と呼ばれ、米軍車両のナンバー・プレートに書き込まれた。米国により、国際共産主義と闘うため沖縄住民は重要な責務を果たしていると、繰り返し強調された。米国民政府が発行した雑誌「今日の琉球」などの論旨の一つは、米国がいかに沖縄に経済援助を行っているかということであった。基地収入と経済援助なしに沖縄は昔の貧乏生活に逆戻りする（イモ・裸足論）。「軍事基地は最大の作物」だとも言われた。この基地依存経済を克服できるかが、本書のベースとなったわれわれのシンポジウムでも最大の論点であった。純経済学的な論理を絶対視するか（経済決定論）、あるいは人間の創意工夫、自由意思を認めるか。本書はこの問題を多く取り上げており、読者の判断に委ねたい。私は経済専門家ではないが、後者の立場をとりたい。

米国が強調したことのあと一つは、沖縄は日本本土とは異なる人種で固有の文化をもっていて、それを誇りにすべきだという日沖隔離論であった。米国の統治にはこの論が必要であった。

ここで私が、とくに強調しておきたいのは、異民族支配がもたらす精神的な影響、すなわち「人間としての尊厳」の喪失である。それは実際に経験した者でなければ理解できないだろう。

◆「補償型政治」

一五年ほど前、当時私が勤めていた独協大学で「アジア・太平洋における国際協力」に関する国際会議を開催したことがある（その結果は拙編、『アジア・太平洋における国際協力―日本の役割』三嶺書房／一九九八年）。冷戦はすでに終結していたが、日・米の出席者は、東アジアにおける安保体制の現状維持に固執した。その理由は、東アジアには北朝鮮、中国、中東などに冷戦の残滓があるということであった。強調されたのは、日米安保体制が日米両国にとっていかに有用で合理的であるかということだった。すなわち、米国側からすれば、在日基地はアジア・太平洋における唯一の海外基地として米国の前方展開力の要《かなめ》であり、同地域のいかなる紛争地点にも急速に展開できる。さらに、日本が米軍基地の維持経費を負担しており、安上がりである。

また、日米安保条約は日本側にとっても、次の理由から「国益」に合致することが強調された。すなわち、①日米安保条約によって日本は専守防衛に徹することができる。②日本の軍事大国化に対する保障として地域の諸国に安心感を与える(「ビンの蓋」論)。③米国の前方展開力は、東アジアのバランサーとしての役割を果たしている——というものである。これらの主張は、現在でも日米双方によって主張されている。

そもそも、沖縄の施政権返還(一九七二年)は、在沖基地を維持するという日米両政府の合意の下に行われた。日本政府はこの合意を裏切ることはなかった。むしろ、米国の期待よりもはるかに積極的にその合意を実施していると言っていい。

昨年(〇八年)五月、海外軍事基地をいかに維持するかについて、興味ある本が訳出された。さきに紹介したケント・カルダーの別の著書である(『米軍再編の政治学　駐留米軍と海外基地のゆくえ』日本経済新聞社)。

沖縄に関連する論点の一部を要約すると、日本のように、地方政府が財政的に自立しておらず、政策の策定や施行に大きな制約がある場合には、国内の一地方の市民レベルの不満は、国家レベルの政策にはあまり影響がない、ということである。たとえば、沖縄県民の強い反基地感情は意外にも国の政策にはほとんど影響を与えない。カルダーはその原因を「補償型政治」に求めている。

「補償型政治」とは、「要求を聞き入れる者と支持者に物理的な満足をもたらすような要求を満たし、それを喧伝する政策」である。カルダーは、このような富の分配に定期的にかかわってくる人びとのネットワークを「補償の輪」と呼んでいる。沖縄の場合、それに含まれるのは建設業者、軍用地主などである。この「補償型政治」によって沖縄の米軍基地は安泰であるという。

残念ながら、カルダーの主張はわれわれが目撃してきたことである。それはわれわれのさまざまな「思い込み」（たとえば、「基地依存経済は避けられない」、とか、「外交や防衛は国の専権事項であり、それには逆らえない」とかいったもの）のためである。そのような「思い込み」を是正しない限り、沖縄問題の解決は望み得ない。カルダーの主張は、われわれに対する重大な挑戦と受け止めるべきであろう。

※国際システムのパラダイム・シフト（規範転換）と「柔らかい協調的安全保障」

◆国際システムのパラダイム・シフト

しかし、「補償型政治」は今まで通りにうまくいかないかもしれない。政府の経済振興政策の経済効果は低い。より長期的に見ると、日本社会の高齢化に伴って政府の財政難がますます深刻になるだろうと考えられるからだ。加えて米国発の経済恐慌によって、冷戦後の時代からの「パラダイム・シフト」が起こっている。

ここでこのシフトの特徴を論じたリチャード・ハースの論旨を引用しておく（*Foreign Affairs* 誌に掲載された論文の邦訳、「アメリカの相対的衰退と無極秩序の到来」「論座」〇八年六月号）。

「現在の国際システムの基本的特徴は、国がパワーを独占する時代が終わり、特定の領域における優位を失いつつあることだ。国家は、上からは地域機構、グローバル機構のルールによって縛られ、下からは武装集団の挑戦を受け、さらには、非政府組織（ＮＧＯ）や企業の活動によって脇をおびやかされている。かくしてアメリカの一極体制支配は終わり、無極秩序時代に世界は足を踏み入れつつある。そこでは、相手が同盟国なのか、敵なのかを見分けるのも難しくなる。特定の問題については協力しても、他の問題については反発し合う。」

さらにハースは、「特に同盟関係は今後その重要性を失っていく」という。それは、「同盟関係を成立させるには、わかりやすい脅威が存在し、同盟の先行き見込みと互いの義務がはっきりしていなければならない」からである。無極秩序ではこれらの条件が満たされない。

無極秩序は定義上、混乱で危険に満ちたものである。しかし、さらにグローバルな統合を促進することによって「中核国集団や、協調的な多国間主義にコミットするプレーヤー」を組織化すれば、国際的安定を促進できる。ハースはこれを「協調的無極秩序」と呼んでいる。もっとも、それによって無極状態がなくなるわけではないが、「協調は状況を管理する助けになるし、国際システムがこれ以上悪化したり解体していくリスクを抑え込むことができる」という。

先に述べた独協大学での国際会議では、北大西洋条約機構（NATO）のような「ハード」な機構、すなわち細目にわたってルール化した機構は、東アジアの歴史や文化などの多様性の故に不可能だという点では意見が一致した。しかし参加者は、現状維持支持派と「柔らかい協調的安全保障」を支持する側とに二分された。

「柔らかい協調的安全保障」とは、会議でアジア型と呼ばれたもので、基本的な原則を宣言的に採用し、行動ルールについては明文化しない、柔軟なレジームである。それは対話を重視し、戦争の予防とか、紛争の平和的解決とか、信頼醸成をめぐって対話が行われるが、各国の行動を縛るようなルール化を求める交渉は行わず、むしろ各国の自主性と裁量の幅を維持しながら協調的安全保障の目的の達成を図るものである。

私は、アジア側から提起されたこの「柔らかい協調的安全保障」と、ハースのいう「協調的無極秩序」に一定の共通点があると感じている。「協調的無極秩序」においても、「柔らかい協調的安全保障」の要件が妥当する。

かつてタイの金融危機を契機とした経済危機は、米国抜きに東アジア機構が構成されるのを恐れた米国の介入によって収束させられたが、この危機によって地域協力の必要性が認識された。一九九七年、ＡＳＥＡＮ＋３（日・中・韓）首脳会議が初めて開催され、二〇〇五年には東アジア首脳会議が初めて開催された。もっとも米国に気兼ねする日本と他のメンバーの間には参加国をめぐって意見が対立した。

最近の「朝日新聞」とワシントンにあるＣＳＩＳ（戦略国際問題研究所）の共同調査（「朝日新聞」、二〇〇九年二月二三日）によると、日本、オーストラリア、米国、中国、韓国、インド、インドネシア、シンガポール、タイの計九カ国の外交専門家の意見は、東アジア共同体の構築について「強く支持する」と「どちらかといえば支持する」が全体で八一％に達した。その役割については、トップが「信頼と相互理解の促進」と「国家間の紛争の予防」でともに九五％、第二は「防衛機構と地域経済の統合の枠組みの確立」（九〇％）であった。注目すべきは、米国を東アジア共同体から排除するという機運は中国にもなかったことである。
ここで強調すべきことは、オバマ自身が、*Foreign Affairs*（〇八年七〜八号）で、次の通り書いていることである。

「中国が台頭し、日本と韓国が自己主張を強める状況に対して、私はアジアでの従来の二国間の協定や、時折の首脳会談、北朝鮮にかんする六カ国協議のような、その他の随時のアレンジメントを超える、より効果的な枠組みの形成につとめる。」

もし二国間協定を超えた六カ国安全保障体制が実現するのであれば、日米同盟は消滅するか、あるいは希薄化することも考えられる。そうなれば、沖縄の米軍基地もなくなるかもしれない。しかし、それは中・長期的ビジョンである。上記の調査での各国のエリートの意見も、東アジア共同体は、各国の当面の問題解決にはなり得ないだろうということであった。

問題は、その間に、いわば「温床育ち」の日本が、国際的無極秩序が要求する自律的な外交を展開していけるかどうかである。オバマ政権は極めて現実的であり、低落する日本よりも、台頭する中国を重視していると言われている。追い込まれた日本が、たとえば核武装するなどという極端な政策に走らないよう警戒すべきであろう。

❁オバマ新政権下の日米関係

最近の新聞報道で見る限り、オバマ新政権下の日米関係、とくに沖縄の基地問題については、必ずしも楽観視できない。

オバマ政権は、当面、ブッシュ前政権から引き継いだ経済危機の克服とアフガニスタン紛争への対応に忙殺されるだろう。大統領は、前政権の単独行動から他国との協調を重視する外交への転換をすでに表明している。すなわち、駐日大使がうわさされていたジョセフ・ナイ・ハーバード大教授が提案した「ハード・パワー」と「ソフト・パワー」をうまく併用した「スマート・パワー」への転換である。

ナイは昨年「朝日新聞」（〇八年六月二七日）に、大統領選挙でオバマ候補の外交顧問を務めたリチャード・ダンズイグ元海軍長官との連名で、オバマ候補の日米関係に関する論文「オバマ氏と日米関係」を寄稿した。その中で次のことが指摘されている。すなわち、オバマは、日米が協力して「より強力で持続的な地球規模の安保関係を求めている。」「新たな地域的枠組みが（日米）両国にとって重要な利益や価値観を守り、発展させていくよう緊密に協力する必要がある。」そして「日米関係をより進化、広範化させる構想を持っている。」

日米関係の「進化、広範化」というのは、大量破壊兵器の拡散防止や世界経済の強化、気候変動への取り組み、地球規模の流行病への対処などのようである。沖縄基地の存続は当然視されているようだ。

それを示すのは、ナイらが二〇〇八年一二月に東京で民主党幹部と会ったことに関する報道である（「朝日新聞」〇九年二月二五日）。米側は地位協定、在日米軍再編、対アフガニスタン政策、インド洋での給油活動の四点に言及した。そしてそれらの変更や廃止が民主党のマニフェストに明記されれば、「オバマ政権とのスムーズな関係構築の障害になる」と懸念を表明した。前原誠司議員によると、その場合、「ナイは（民主党を）『反米とみなす』」と言ったという。

しかし、国際システム、米国の軍事戦略、特に日本の国内情勢は変化しつつある。そのため、本文を書いている〇九年五月はじめの段階では、在日米軍基地の将来を見通すことは、極めて困難である。本書が出版される頃には、民主党が「普天間移設は県外に」という「沖縄ビジョン2008」を争点の一つとして衆議院選挙に勝っているかもしれない。その場合は、沖縄をめぐる米軍再編は再交渉され、辺野古《へのこ》の新基地建設は中止されるかもしれない。逆の場合（自公の勝利）でも、経済的理由から、新基地は建設できないかもしれない。

いずれにせよ、沖縄県民がなすべきことは、上記の中・長期のビジョンの実現に向けて努力しながら、反基地運動を辛抱強く継続するしかない。

第Ⅰ部

沖縄「独立論」と沖縄経済

■この第Ⅰ部は「いまこそ発想の転換を！」実行委員会編『押しつけられた常識を覆す　経済の視点から』（2008年９月12日発行）の各表題を変えて転載したものである。

昔から有名な拝所・三重城（みえぐすく）。対岸は米軍・那覇軍港。2009年1月、那覇市西

沖縄「独立」への道

イリノイ大学名誉教授〔経済学〕 平 恒次

まず常識はずれの私の持論と言われている構想を略記します。概論から各論へ焦点をしぼるように列記するとすれば、こうなります。

①パラダイム：グローバリゼイション下のアジア像と（仮想）主権独立国琉球共和国
②長期的総合課題：日本国沖縄県から琉球共和国への移行（いわゆる「独立論」）
③本討論会の論題：豊かさ、経済自立、軍事基地
④論題の目標：一層の豊かさ、自立・自律経済、基地撤去

パラダイムというのは、いわば、多くの発想や構想、各種の理論や資料等を包む大風呂敷のようなものです。これはいくらでも大きくなりますが、私は持ち運びのしやすい程度に抑えて表記のようなものにしております。ですからこの場合、アジアといっても大方東アジアのことで、中国、北

朝鮮、韓国、日本、琉球列島、台湾等が中核で、中国に隣接するロシア（シベリア）、蒙古、中央アジア諸国、南アジア、東南アジア、アメリカと広がって行きます。

グローバリゼイションとは、咄嗟《とっさ》の我流の定義ですが、「人類は一つ」という表現が文句なく当てはまるような、平和、公正、自由等を主要な特徴とする、世界一円の人類共同体へ到る、思想的、政治的、経済的諸過程の総称と言えましょうか。このような世界像は、現時点ではユートピアですが、現実の思想、政治、経済等の動きは、紆余曲折を経ながらも、そのような世界へ向かっている、と私は思います。

そのようなグローバルな過程の一部とも考えられるヴィジョンを故森嶋通夫教授が提唱されました。先生は、没落するかも知れない日本の救済策として、「東北アジア共同体」を構想され、その首都は独立した小国＝琉球・沖縄に置くことを薦められました。当分は、世界の主要地域でこのようなブロック共同体が設立され発展することが予想されます。その典型は、ヨーロッパ連合です。各共同体でも、思想においては人権を最上位におき、政治における一層の民主化と経済における一層の効率化と公正化が進められているように思われます。

このようなパラダイムのもとで、本日は、（A）豊かさ、（B）経済自立及び自律、（C）軍事基地の検討を試みるわけですが、項目別または全項目にわたって「常識を覆す」成果をあげることができるかどうかについては、残念ながら自信はありません。

❁豊かさとは?

私は、自身の職業的自立を模索する過程で、後進国の一般的貧困と先進国における部分的貧困の研究に従事したことがあります。その頃の個人的経験、実情調査、経済分析等に基づいて、「貧困とはなにか」ということなら一応解っています。貧困の視点から「豊かさ」を想像することもできます。しかし、貧困研究が経済学における「堂々たる」研究分野であることに較べると、「豊かさ」研究というものはあまり聞かれません。せいぜい、国民所得とか国民総生産(GNP)とかの物指によって計測される数量が増加し続ければ、いずれ「豊かな」社会になるという具合に、大雑把に「豊かさ」を捉えていると思われます。これがまた、豊かさの「常識」でもあるわけです。

このような雰囲気の中で、「国民所得やGNPがいくら増加しても、社会は却って困窮化するのだ」という提言が起こり、しかもそれが真理であるとすれば、経済成長が豊かさをもたらすという「常識」は明らかに「覆った」ことになるでしょう。幸いにして、経済成長のツケとしての環境破壊、公害、資源の乱開発、海洋汚染、絶滅を危惧される稀少生物等等への関心は通時的に高まってきました。経済成長と「豊かさ」との相関は有意性を失い、その信者は激減することでしょう。

「常識」は私たちが覆さなくても、自然に死滅する性質のものかも知れません。

経済学者の「豊かさ」論議で、一般読者の喝采を博した名著があります。J・K・ガルブレイス先生の『豊かな社会』（一九五八年）です。高度資本主義に立脚する高所得社会においては、有り余る物の販売及び消費を需要の「依存効果」によって刺激し、欲望が欲望を生むメカニズムを造り出し、経済の私的部門の華々しい繁栄がもたらされる反面、公共部門は困窮し社会資本は衰弱すると説得的に主張されました。公共部門への資源配分が極端に難しいアメリカ経済の基本的矛盾を衝いた名著と思われますが、経済学者の間では余り人気があったとは言えません。

ガルブレイス説を、大衆向けにパラドックス化すれば、「私経済の豊かさ、公経済の貧しさ」となりましょうか。これを高度資本主義がもたらす「豊かな社会」の宿命的欠点とすることも可能でしょう。沖縄も、経済が戦後数十年間、GNPで見れば、間断なく成長してきましたので、私経済では結構「豊かな社会」になっています。しかし、公経済は、所謂《いわゆる》「三割自治」と「補助金漬け」という極貧状態ですから、ガルブレイス先生の「豊かな社会」と同類といえるかも知れません。

少し視野を広げると、「豊かさ」論議は、経済問題としてよりも、知的、心理的、宗教的、社会的、政治的問題等として尊重されているのではないかと思います。論者の個人的価値観を警戒する経済分析を離れて、「豊かさ」論議を楽しむ経済学者も数多くいます。単なる印象ですが、「豊かさ」論議を味わいのあるものにしている立論の定型は、「豊かさ」を「貧しさ」と対にして論ずることです。たとえば、「物の豊かさ」と「心の貧しさ」という具合に。このような議論の仕方は、だいたい「豊かさ」を悪役に仕立てる傾向があるようです。これらの「悪しき豊かさ」は常識的な「豊かさ」です。「真の豊かさ」は、名実ともに立派なものでしょう。

❁経済自立、自律とは?

沖縄経済の自立がどの程度に進んでいるかを考えて見ることにします。まず「自立」とは「孤立」ではないことに注目します。沖縄経済は、ますますグローバル化する国際経済の中の相互依存関係に吸収されていますから、沖縄経済の自立度は県外との経済関係における収支がどうなっているかで判断できるはずです。対外収支均衡を自立経済の一つの指標とします。沖縄が独立国であれば、沖縄の国際収支統計が手軽に利用できたはずですが、今のところ沖縄県統計年鑑等にある移輸出入統計がせいぜいです。かつて必要に迫られて、独立国の国際収支になぞらえて数字を並べて見たことがあります。資料不足と知恵の不足で国際収支といえるものには程遠いものになってしまいましたが、ある種の結論を得ましたので申し上げます。一九九四年の数字で、移輸出入関係の数字をその年の沖縄県総生産(GDP)を一〇〇として加工しました。

この資料によると、移輸入が三三％、移輸出が八・二％、したがって貿易収支は大幅赤字のマイナス二四・八％となっています。これだけ見れば、沖縄経済は自立に程遠いということになります。しかし、その年は、サービス輸出の一項目である観光収入が一〇・八％ありました。それで、沖縄の対外赤字は一四％に減少しました。また、同じ年に、サービス輸出のもう一つの項目、基地関係受取が四・三％ありましたので、対外赤字はさらに減少して一割を割る九・七％になりました。つまり、極めて不完全ですが、沖縄県の貿易及びサービス収支（経常収支）が県総生産の九・七％ということになったわけです。望ましい国際収支はゼロか黒字ですから、沖縄県の収支が赤字の一〇％であるという状況は望ましくないことですが、極端に悪いとは言えないと思います。

考慮すべき項目がまだあります。それは日本国から沖縄県への財政移転と県から国への税金及び類似の納付金です。一九九四年には、国からの純経常移転が県総生産の七・七％、同じく資本移転が一四％ありました。純経常移転で沖縄県の対外経常収支はマイナス二％まで改善され、これに資本移転（一四％）を加えて、総合収支は黒字の一二％となりました。総合収支が総生産の一二％となるような経済は通常大好況を呈するはずですが、県GDPの成長率は一九八九年をピークに（八・三％）、その後急減して一九九四年には一・〇％で最低となりました。

なぜかと言いますと、上記の国際収支考察は資料不足でマネーフローを完全に把握していないからです。たとえば、沖縄はザル経済、県内投資の太宗《たいそう》（おおもと）は県外大企業で利潤は即時県外へ還流するとされる経済ですが、その流出利潤が上記のサービス勘定には入っていません。また、県外企業の県内直接投資は資本勘定に入っていません。さらに、沖縄住民の県外投資は言わずもがな、郵便貯金、国公債購入、学資送金、県外観光等も考慮していません。ザル経済かどうかはさておき、ＧＤＰの一四％に上る国からの資本移転の効果を打ち消すほどの県から県外への支出、支払いがあったことでしょう。

沖縄経済のこのような「国際収支」の状況は、悲観すべきか、楽観すべきかと自問して、こう自答したことがあります。「米国統治下の移輸入は［ＧＤＰの］六〇％を上回っていました。その後二〇年間に移輸入依存度が半減したわけですから、沖縄経済の活力はたいしたものだ、とは言えないでしょうか」。この活力は、日本と沖縄の緊密な経済統合の枠の中で発揮されてきました。日沖経済統合は、沖縄にとっては膨大な共通市場の出現を意味しました。同時に、沖縄は対外経済関係においては日本の既存の、まだかなりの関税及び非関税障壁を持つ、通商政策に参入しました。このような経済統合が急速に推進されたために、沖縄経済独自の通商政策下のいわゆる「三条貴族」の没落という経済的調節コストも避けられませんでした。

私は、沖縄の将来のためには、沖縄住民の自己決定に基づく政治的独立を支持しますが、同時に権威のある日沖経済調整機構を設立し、維持発展させるべきであると思っています。スローガン風に言えば、「政治は独立主権、経済は市場統合」ということになりましょうか。日沖関係のそのような形のモデルは、カナダのケベック州の独立運動が推進する「主権・連合」体制論（即ち、政治的には主権取得、経済的には連合構築）でしょう。

一昔前、沖縄県は「一国二制度」論に基づき、日本国沖縄県という政治的地位を維持しながら、全県フリーポート化を伴う国際都市建設を提案しました。この提案は、まだ開放経済に踏み切れない日本国政府の抵抗にあってあえなく潰れましたが、今や日本国は内にあっては道州制、対外的にはモノ、サービス、ヒト等の自由な移動を促進するという二国間（いずれは多国間）経済提携協定（ＥＰＡ）を推進しています。共通の市場メカニズムが複数の国々の制度的基盤になり、従来言われたマーケットの自立性、自律性が諸々の経済関係の調整にあたることになるわけです。沖縄にとっては、往時の「万国津梁《ばんこくしんりょう》」を思わせる状況が展開しつつあると言えるでしょう。

このような広域市場メカニズムの下で沖縄住民に望みたいことは、労働市場活用による労働移動の一層の活性化です。県外勤務・定住のウチナーンチュ人口の増加は、世界一円の沖縄コミューニティーの量的成長及び精神的結束の強化に役立ち、「世界のウチナーンチュ」と沖縄県（ゆくゆくは主権独立国・琉球共和国）との親密な提携協力によって、多面的「沖縄の発展」が実現されることでしょう。すでに、「世界のウチナーンチュ大会」が定期化され、WUB（世界ウチナーンチュ実業家団体）も堅実な歩みを進めています。

ウチナーンチュの県外発展に関連して、労働移動の常識的な経済分析だけでなく、経済活動の「負」の外部効果、即ち環境インパクト、にも注目する必要があるでしょう。たとえば、短期的観光入域者数が、沖縄県の水資源の許容量をすでに超えているという指摘があります。ダム建設も限界にきているとすれば、短期観光客へ水を豊かに供給するためには、住民の節水が欠かせないということになるわけでしょう。早晩、短期観光客数の数量規制が必要ということでしょう。一般化して言えば、環境容量が限られた沖縄で、県内定住・滞在人口が無制限に増え続けることは決して望ましいことではないでしょう。「豊かな社会」の大量の消費力は、実は、大量の環境破壊力であるからです。県外雄飛が活発であれば、自然増加で沖縄県人口がいくら増加しても、県内人口を環境容量の範囲に収めることができるわけで、適正な環境・人口関係が実現できるでしょう。

軍事基地は?

軍事基地は国防という公共財を生産する装置である、と経済学では言われています。公共財とは、非敵対性と無差別性を特徴とする財のことで、新しい利用者の受益が既存利用者の利益と衝突することがなく、また如何なる利用希望者をも排除できない性質の財というわけであります。その典型は空気です。空気は私がいくら呼吸しても、あなたの分け前が少なくなることはなく、また誰もあなたを嫌って空気を拒むことはできません。国防の利益もこのようなもので、私とあなたが国防の利益の分け前を巡って敵対するはずはないし、またあなたが国防の利益を独占するために私が国防の受益者となれないというわけにもいきません。

沖縄のアメリカ軍事基地は、日本国の国防の大部分を生産しています。問題は、国防を生産する基地が居座る土地は沖縄にとっては、民生に寄与する市場価値の生産のために極めて望ましい資源であります。この土地資源は、国防を生産してその便益を日本国中に無料で提供しています。無料で提供するのは、国防が値段をつけて販売することのできない公共財であるからです。しかし、国防の生産には生産拠点が必要であり、その立地のための土地がなければなりません。国防をただで頂いている国民は、ただで得られるものにわざわざ資源を提供することもあるまい、と考えます。

公共財はその便益の受益者にとってはただものでありますが、生産費がかかっています。しかし、便益を切り売りして生産費をカバーすることはできないのが、公共財の特徴ですから、公共財の生産拠点の確保は市場メカニズムを通さず、経済外的（即ち政治的）決定と強制に頼ることになるわけです。勢い、公共財の生産拠点は政治的弱者に押し付けられることになります。政治的強者は、「わが裏庭に軍事基地とはもってのほか」（いわゆる〝ＮＩＭＢＹ〟）などと大声を張り上げるだけで、基地を追い払うことができます。

何といっても、沖縄本島の希少な土地の二〇%もが基地に取られて、市場価値を産まない用途に当てられていることは、はなはだしく公正を欠く状況であると言わなければなりません。わずかに県GDPの五%弱に相当する「基地収入」があがるだけです。基地撤去の上、基地跡地を市場メカニズムと県独自の経済政策に任せるとすれば、その県GDPへの寄与は現行基地収入の寄与を数倍も上回るものになるはずです。ということは、沖縄は基地収入の数倍もの分量のGDPを毎年失っているということです。復帰以来三十余年間のこの損失は、公正原理の手前、充分に補償されなければなりません。

ここで前掲の、政府から沖縄への「資本移転」が県GDPの一四%もある、という現実を思い出しますと、国はすでに「基地収入」だけではカバーできない基地故の経済的損失を「資本移転」で補償している、ということになるかも知れません。最近は、政府も沖縄経済振興費は米軍基地受け入れに対する報償であるというようなことを言っています。とすれば、沖縄経済振興計画は、それ自体の予算の裏付けはなかった、ということになり、沖縄経済は復帰以来の経済振興計画を自前で賄ってきたということにもなります。これだけの資本形成を自力で推進できたことになりますので、沖縄経済はとっくに自立していたとも言えるわけでしょう。

「基地を撤去すれば沖縄の防衛はどうなるか」という質問を聞いたこともあります。沖縄が日本国沖縄県である以上、公共財である国防は日本国が所謂「常識的」国防（安保）にこだわる限り、当然沖縄をその傘下に収めているわけです。従来と異なる点は、国防の生産拠点が沖縄住民の裏庭からどこかの住民の裏庭に移されるだけでしょう。こういう結果をもたらすためには、沖縄住民が「ＮＩＭＢＹ」を声高く叫び続ける必要があります。

琉球独立論の大所高所から見れば、武力依存の「常識的」国防思想は独立国琉球とは無縁の思想です。従来は沖縄が沖縄県であるために、この種の常識の抑圧下で沖縄住民を何度も火傷させて参りました。沖縄県という沖縄の政治的地位が続く限り、また何度も火傷することでしょう。幸いにも目下、日本国は道州制という日本国改造を推進しています。その先に、日本国とは異なる国防思想をもつ主権独立国琉球共和国の姿が見えます。この国の公共財である国防は、脱軍事思想に基づく「中立と平和」であると言われていますから、日本国の武力偏重の国防思想とは相容れないものです。

❁まとめ

沖縄は独自のアイデンティティーを持つ「独特の社会」ですが、現在「青い海」の向こうの宗主国に従属しています。世界中にこのように描かれる特徴を持つ小国はたくさんあります。多くは自己決定権に基づいて主権独立国になっています。政治学者の研究によれば、沖縄と類似の特徴を持つ未独立・未承認地域では、概して宗主国支配からの離脱・分離・独立運動がさまざまの形と激しさで発生している、ということです。資料の一般的分析では、沖縄もこの種の未独立・未承認地域の範疇に分類されます。

ユートピア的に朗らかな宿命観によれば、沖縄の独立は当然かつ必然といえましょうか。日本国は道州制への移行の時代に入りました。沖縄に関しては、せいぜい、単独道州止まりで一件落着となるかも知れません。しかし、沖縄が独立国になるというのであったとすれば、政策策定及び国際関係の諸分野で主権の威力を発揮できたことでしょう。独立国なら何ができるか、について知識と信念をもつことができれば、単独道州という新しい地位を人権としての自己決定権が許容する最善のものに造り上げることも出来るのではないか、と愚考する次第であります。

【参考文献】
・『うらそえ文芸』第10号二〇〇五年、PP.137-148、「独立論・平教授と一問一答」
・「沖縄タイムス」二〇〇八年五月、松島泰勝×平恒次「往復書簡」
・大城美樹雄「沖縄の地域再生と観光文化」、比嘉佑典（編著）『地域の再生と観光文化』所収、ゆい出版二〇〇八年

・外務省経済局『日本の経済連携協定（ＥＰＡ）交渉―現状と課題』平成二〇年四月
・J. K. Galbraith, The Affluent Society, 1958
・来間泰男『沖縄経済の幻想と現実』日本評論社一九九八年（特にP37、表1-17）
・Jason Sorens,"The Cross-Sectional Determinants of Secessionismin Advanced Democracies,"Comparative Political Studies, vol. 38, no. 3, PP.304-326, 2005
・波平勇夫他『グローバリゼーションの中の沖縄』（沖国大ブックレット№12）二〇〇四年
・森嶋通夫『なぜ日本は没落するか』岩波書店一九九九年

「独立」とは遠い沖縄経済の現実

沖縄国際大学教授［沖縄経済論］　来間泰男

❁「押しつけられた常識」とは何か

今回のテーマは、「経済の視点」から「押しつけられた常識」を覆そうということです。沖縄経済に関して、「押しつけられた常識」とは、何を指すのでしょうか。

主催者の宮里政玄氏が、二〇〇八年五月二六日付の「沖縄タイムス」に書いているものの中から探してみると、「独立では食っていけないということ」、または「基地収入や基地関連の振興策なしに沖縄の経済は成り立たないという思い込み」ということのようです。後の方は、「基地を認めなければ沖縄の経済は成り立たない」と言い換えてもいいでしょう。もっと言い換えて、「基地がなくなれば、沖縄経済はレベルダウンする」ということでしょう。

これは「押しつけられた常識」なのでしょうか。間違っているのに、そのように信じ込まされている、という扱いでよいのでしょうか。

独立して「食っていけるか」どうかは、その内容と水準の問題です。「食う」だけなら、おそらくできるでしょう。どのような内容（生活様式）で、どのような水準（生活水準）で「食う」ことができるか、が問題なのです。独立は、水準を落として生きていくという決意が伴うことなのです。

基地がなくなれば「経済は成り立たない」「レベルダウンする」かどうか。「成り立たない」というのは間違っています。だが、「レベルダウンする」かと聞かれれば、私はそのとおりだと答えます。「レベルダウンする」と考えているのが常識的であり、それは「押しつけられた」わけではなく、事実がそのような認識を生んでいるのです。

しかしながら、このテーマについての「常識」は、沖縄県民の間で分裂していると思います。もう一つの「常識」「思い込み」があるのです。それは、基地が撤去されたら、沖縄経済は「もっとよくなる」というものです。これは、私の意見とは異なります。私も基地の撤去を望んでいますが、それは、経済的には「もっと悪くなる」だろうが、それでも基地を撤去させようというものです。「よくなるから撤去させる」という意見は、「よくならなければ撤去は諦める」という意見なのであり、経済の現実に立ち戻ったときには、撤去要求をためらうようになる、危うい意見なのです。

❁政治と経済の違い

多くの政治家・評論家、マスメディアを通じて政治を論ずる人たちは、政治は自分たちが考えたとおりに「変更」「変革」することができると考えているようです。私もそう思っています。だから、政治改革に期待を持っています。

しかし、「変革」できないこともあります。それは経済にかかわる多くの物事です。消費税を上げるか下げるかは、政治の力で可能です。名護市に「金融特区」を設けることも、中城湾《なかぐすく》の一帯に「自由貿易地域」を設けることも、政治が決めたことです。

問題は、消費税を上げたら経済がどのように変化し、下げたらどのように変化するかは、政治が決めることではないということです。消費税の上げ下げによる経済の変化は政治によってコントロールできることではありません。また、「金融特区」や「自由貿易地域」という制度を作っても、少しも動き出さないというのは、経済の力がそうさせているのです。

このように、経済は経済法則で動くのであって、人間の意思によって思い通りにすることは出来ないものなのです。失業率を政治の力で下げることはできません。普天間飛行場の代替基地を名護市・辺野古《へのこ》地区に移転・新設する、その見返りとして出された「北部振興策」は、総じてうまくいっていません。ただ、カネだけは落ちています。あの時「人口を二倍にする」などと、できもしないことを大声で叫んで、この政策はスタートしたのです。経済の振興は、カネでできるとはかぎらないのです。

私は、失業率を下げると公約して実績をあげられなかった政治家を、そのことによって非難する立場はとりません。それは、誰にもできないことなのです。仮に下がったとしても、それは政治の力でそうなったのではなく、経済の流れがそのような結果を生み出しただけなのです。

「金融特区」や「自由貿易地域」に対しても、私は「反対」はしませんでした。そうではなく、「やってもいいが、うまくいかないと思うよ」と言ったのです。そのとおりになったではありませんか。「自由貿易地域」については、私が反対したのは「全県」のそれであって、中城などの「特別」とか「地域限定」のそれには反対していません。これに対しても、「やってもいいが、うまくいかないと思うよ」と言ったのですが、これもそのとおりになりました。

したがって、経済問題はつねに政治の争点となりますが、経済「政策」によって経済が変革できるというのは幻想です。正確に言えば、経済を政治の力によって変革することは、一時的にはできるが、最終的には経済法則に流されていくものなのです。

私たちは、目の前の経済問題に対して、政治が関与するに当たって、その良し悪しについて意見を言いたくなります。私も言います。しかし、当面の政策選択については意見できても、その経済への影響を増長したり、制限したりすることは、決定的にはできないことだとの認識をもって、すべきものだと思います。

このような私の意見は、「独立」「自立」に伴う経済問題について、経済の困難は政治の力で解決する（できる）とか、改善する（できる）とかの考えに対して、それは「甘い」とする考えにつながっているのです。

❁「独立」「自立」して沖縄経済はやっていけるか

このテーマについての最大の参考資料は、日本復帰前の、アメリカ軍占領支配下の沖縄経済の実態に求めることができます。

1．まず、アメリカは、当初六〇万人、すぐに七〇万人になった沖縄の人口の大きさに頭を抱えていました。軍事面からは排他的に支配したいが、経済面からは沖縄住民の生活について責任を持つことになり、それができないのではないかと危惧したのです。しかし、軍事面の要請を優先させて、排他的支配に踏み切りました。動き出してみると、やはり沖縄経済に活力はなかった。いわゆる「基地収入」を与えるだけでは、沖縄経済はやっていけない。そのため、アメリカはずっと、沖縄経済の「自立」を求めていました。そのことは、「基地依存からの脱却」の要請であり、「基地依存度の軽減」の要請だったのです。

2．「基地依存度」は、一九五五年前後に二五～二七％もあったものが、しだいに低下していき、六四年ころには一七％まで落ちます。そして「ベトナム・ブーム」（ベトナム戦争の沖縄経済への影響はこのように言われました）の六六～六七年ころには少し上昇し、二〇％になりました。このわずかな時期を例外として、基本的には低下していったのです（これは、復帰時には一〇％を割り、今は五％程度になっています）。「基地依存度」は実際上は低下していきましたが、それは、増大して止まない「人びとの生活水準向上の期待」を満足させる力はありませんでした。

3．そのため、人びとはアメリカの支配が悪い、日本に復帰すれば解決する、と考えるようになり、「日本復帰運動」が高まっていきました。この運動は、もちろん政治問題を中心にした運動であり、経済問題がつねに大きく意識されていたとは言えないでしょうが、人びとの心の底にそれがあったことは否定できないでしょう。

4．沖縄経済を「主語」にして言えば、次のように表現することができます。アメリカ軍の占領支配下に入り、日本経済から切り離され、孤立させられた（「独立」「自立」ではありません）沖縄経済には、「二つの道」があったのです。

一つは、そのまま「沖縄経済として自立する」ことを求めることです。

もう一つは、戦前の状態に復帰すること、日本経済の一環に戻ることです。

アメリカ軍占領下の沖縄経済は、この「二つの道」の選択をめぐって揺れていたのです。もちろん、まずは「自立」が追求されました。しかしそれは、ことごとく失敗しました。その結果、沖縄経済は日本復帰を選んだのです。

「自立」の追求手段として試みられた政策には、次のようなものがありました。

①自由貿易地域の設定──→本土企業が原材料を持ち込んで、低賃金労働を利用して製作させ、製

品を主としてアメリカ本国に輸出するものです。これは「低賃金」状態に期待をかけた方式であり、台湾やシンガポールが同じことを始めると、潰れていきました。
②通貨のドルへの切り替えと、日本本土を含む「外資」の導入――→本土からは製糖業を中心に、アメリカからは清涼飲料水製造業などに投資がありましたが、限定された分野でした。
③それよりも効果があったと考えられるのは、琉球政府自身の「島内産業保護育成政策」でしょう。これは、税の減免もありますし、融資の便宜も図りましたが、競合する本土製品を輸入しない、あるいは輸入に制限を加えるというものです。

5．沖縄経済が「自立」に向かって進んでいかない、人びとは「日本復帰」に流れていくという状況に対して、財政面の対応がなされました。アメリカ政府は、「プライス法」といわれた法律を作って、琉球政府に援助をするようになりました。それでも足りないとなって、次には日本政府の援助（「日政援助」と言われました）を容認するようになり、それも、当初はアメリカよりも金額を少なくするようにと、制限していましたが、一九六七年度の予算からは日本政府の援助の方が、アメリカ政府のそれよりも上回ることを認めました。それ以後は、日政援助はどんどん増加していき、一九七二年の復帰とその後の財政資金の絶大な投入となっていきました。私は、このような流れの中で、沖縄経済は復帰を境に、「基地経済」から「財政依存経済」に変わったと言い表しています。
さて、このようなアメリカ軍占領下の沖縄経済の体験から、どのような教訓を引き出すことができるでしょうか。

❁沖縄経済は何をめざしていくべきか

現代の経済は、「資本」が生産と流通と、そしてまた金融を主導しています。資本にとって沖縄経済はどのようなものとして、捉えられているのでしょうか。明らかに、資本の投資先として魅力がないのです。

①資源に乏しく、②市場《しじょう》は小さい──→①②から、原材料の輸送と製品の輸送が必要になるが、その輸送コストの高さが重荷になる。

③賃金はやや低いが、格差をもっての低さではない──→周辺アジア諸国より高い。

④技術力が高いとか、労働の効率がいいということもない……。

資本にも大小があり、地域を選ぶ資本もあります。だから、それなりの企業が立地していますが、十分とはいえません。

私は、この現実に立つべきだと考えています。「ないものねだり」はよくない。「奇策」に頼るのもよくない。足元を見つめて、「身の丈の経済」に甘んじることです。

「甘んじる」といっても、簡単ではありません。経済は競争の原理で動いています。過去の成果に安住して油断していたら、負けます。沖縄のどの企業も、自らの経営の現状を把握し、その問題点をつかみ、不断に改善する取組みを持続させなければ、そのうち潰れます。農業や水産業のような、企業の形態になっていない分野は、そのことがいっそう求められます。

はっきり言って、沖縄の企業や農家は、このような不断の取り組みが弱いのです。この現状を改革せずして、うまくいかないことを政治のセイにする、特別な措置をお願いする――これがよくないと思います。課題はもっと基本的なところにあるのです。

「自立」「独立」のことでいえば、その方向性は正しいし、私も賛成です。しかし、経済には（文化問題もそうでしょうが）政治では解決しないことがあるのです。「自立」で経済にかかってくる課題は、けっして小さくはないのです。それを覚悟して進みましょう。

（以上は、会場で配布した私の発言要旨ですが、当日の平恒次先生のお話に関連して、会場で発言したことに少し補足を加えて、次に記します。）

❁平先生の独立論は沖縄経済の現実と切り離されている

平恒次先生は、古くから「沖縄独立論」「琉球独立論」の主唱者として知られています。その平先生のご専門が経済学であるということに、みなさんは注目し、かつ期待されていることでしょう。経済学者が独立論を口にしているのだから、独立に伴う経済問題はないか、小さいか、いずれかであろう、という具合に考えている方が多いのではないでしょうか。

しかし、平先生の独立論は、経済を抜きにした議論なのです。先生の名著『日本国改造試論』（講談社新書、一九七四年）を、そのことに注意して読んでみてください。経済については何も書いてないことが分かると思います。

平先生が、経済との関連をどのように捉えているかを、あえて言えば、次のような意見といっていいでしょう。「経済というものは、回りまわってどうにかなるものである。世界の経済は国別に動いているのではなく、国の枠組みが変わっても、経済の実態にはほとんど関わりはない。だから、独立論に経済論議をからませる必要はない」。

しかし、この意見には大きな欠陥があります。沖縄に即していえば、一九七二年の日本復帰以後の沖縄経済が、アメリカ軍占領時代から一変して、今のような姿になったのは、日本政府が財政面で関与したからです。

「今のような姿」を肯定的に見るかどうか、財政に依存して「今のような姿」になったことを肯定的に見るかどうか、そのことは次元がずれることですから、その評価とからませないように願います。まずは、事実の問題として論じ合いたいのです。その上で、評価の話に進みましょう。

これが日本への復帰ではなく、いきなり独立だったとしたら、沖縄の社会と経済はどのようになっていたでしょうか。道路・空港・港湾・橋梁・トンネルなどの公共投資の資金は、沖縄県（または沖縄独立国）だけでは、ほとんど進まなかったでしょう。病院や、福祉施設や、学校などの教育施設も、ずいぶんと立派になりました。かつての琉球政府の財政力では、とてもできないことでした。

それでは、その評価に進みましょう。道路・空港・港湾・橋梁・トンネルなどは必要がなかった、と言い切れますか。病院や、福祉施設や、学校などの教育施設も、必要なかった、と言い切れますか。一つひとつ検討していけば、無駄なものもあるし、性急すぎた工事もあった、同じく建設するのなら、配慮してほしいコレコレのことがあったなどと、言いたくはなります。ただし、それは「部分的」なことであって、「全体的」には推進されるべきものが多かったと言えるのではないでしょうか。

独立を主張するのなら、これらの公共投資を基本的にすべて拒否することとセットに主張してほしいと思います。独立論が、そのような「拒否」を鮮明にした上でなされるのなら、私は反対しません。そのようなことは自分たちの力でやってみせるという、根拠のない「カラ威張り」はしてほしくないのです。

平先生の議論に戻れば、先生は、そこまでの現実を踏まえて、独立を論じてはおられないのです。

❁平先生の沖縄経済論と「琉球独立論」についての私見

平恒次先生は、一時、琉球大学で経済学を教授しておられました。沖縄経済について考え、また調査もし、そのうえでいろいろと悩まれたようにお見受けします。経済学の理論では解釈できないし、展望も描けない、と。そこで、ご自身の言を引けば、沖縄から「亡命」されたのです。

私には、そのお気持ちがよく分かります。私も、同じ気分なのです。沖縄経済はとても経済学の理論では処理できない。沖縄経済を専門にしていますと、私は名刺に書いていますが、これでは「世界的な」どころか、「日本的な」レベルでも、大家になることはできません。したがって、私は「亡命」はしませんが、経済学者としての成功を求める道を捨てているのです。

沖縄経済の現状をあれこれと説明することはできます。それは、今もやっています。しかし、その現実の分析の中から理論を導き出すことは、ほとんど不可能です（挑戦者が現われることは歓迎しますが）。また、経済学の理論を引用し、紹介しながら、その理論を適用したり、その理論とからませて沖縄経済を論ずることは、とてもできることではありません（経済学の体系そのものではなく、部分理論であればある程度可能です）。

平先生は私に、次のように漏らしたことがあります。私の「独立論は〈空想〉だ」と。それには、いろいろな意味が含まれています。まず、先生が沖縄経済の現実に根ざして議論してはいないという「引け目」があることでしょう。そして、いろいろな状況からして独立への道は険しい、そのことを思う（先生はそう思っておられる）と、「現実」から離れていることになるので、「空想」といって、自分を揶揄するのです。しかしながら、この「空想」という言葉は、平先生にあっては、「幻想」に近いのではなく「理想」「ユートピア」に近い用語法なのです。「議論が科学的に深まっていけば、可能性がないわけではない」という、希望を託した提案なのだと思います。

その限りで、私は「琉球独立論」の敵対者ではありません。「理想」を求めることに異議はないのです。ただ、県民が現実を離れて「幻想」を追うようであれば、経済学者の一人として、それを現実に引き戻すことが、私の社会的な義務だと感じているのです。

問われている「自立」を担う気概

琉球大学教授［島嶼経済論］大城　肇

❁豊かさとは?

平先生がおっしゃるように、「豊かさ」とは物質的豊かさと精神的豊かさからなり、前者は経済的（所得的）な購買力の大きさを言い、後者は心の満足の程度を指すものとして、暗黙のうちに使われています。したがって、物質的には豊かであるが、精神的に満たされない「豊かさの中の貧困」ということが起こりえます。もう一つ、貧困には所得貧困と人間貧困があって、それらを克服することが豊かさの実現につながるという考えが、国連を中心に見られます。

私は、「豊かさとは基本的人権が尊重されている状態・状況にあることであり、貧困とは基本的人権が踏みにじられている状態・状況にあることである」と定義したい。この定義に従うと、「米軍基地は沖縄を豊かにするのか?」は、二〇〇〇億円前後のいわゆる基地収入が沖縄の貿易赤字を穴埋めしているということがあったとしても、豊かであるかどうかは、米軍基地の存在によって、われわれウチナーンチュの基本的人権が無視されることなく尊重されているかどうかにかかっています。

戦後この方、夥しい数の事件・事故が発生し、ウチナーンチュの人権がないがしろにされてきた事実を考えると、答えは自明です。なお、豊かさと基本的人権の中心にあるのが、命の尊重＝ヌチドゥタカラです。

❁軍事基地は？

平先生は、軍事基地を国防という公共財を生産する装置であると捉え、公共財の生産拠点＝軍事基地の確保は市場メカニズムを通さず、経済外的（即ち政治的）決定と強制に頼ることになり、公共財の生産拠点は政治的弱者に押し付けられることになるという考えを示しておられます。そして、軍事基地は迷惑施設であり、基地撤去のためには沖縄住民がＮＩＭＢＹ（Not In My Back Yard＝自分の裏庭にはあって欲しくない）を声高く叫び続ける必要があることを述べておられます。

基地収入に関しても、平先生はたいへん興味深い考えを示しておられます。それは、「基地撤去の上、基地跡地を市場メカニズムと県独自の経済政策に任せるとすれば、その県ＧＤＰへの寄与は現行基地収入の寄与を数倍も上回るものになるはずです。ということは、沖縄は基地収入の数倍もの分量のＧＤＰを毎年失っているということです。復帰以来三十余年間のこの損失は、公正原理の手前、充分に補償されなければなりません」と。利益を上げられるチャンスがあるのに、何もしないことによって生じる損失＝機会費用として基地跡地を考えておられる点が先生のポイントです。

沖縄県のホームページには、次のようなことが掲載されています。

「基地収入の絶対額は、復帰時の七八〇億円から平成一四年度には一九三一億円と約二・五倍増となっており、依然として県経済を支える大きな収入源であることに変わりがなく、県の経済活動の中で重要な要素の一つとなっています。」（以下のＵＲＬの文中より抜粋。http://www3.pref.okinawa.jp/si-te/view/contview.jsp?cateid=14&id=584&page=1）

これによれば、米軍基地の存在は基地収入を生み出し、沖縄経済にプラスの影響を与えているということです。沖縄県に限らず、経済学者も「基地収入＝プラスの経済効果」というような「押しつけられた常識」を主張してはばかりません。

私は、基地経済を以下のように捉えています。「基地経済とは、軍事的な目的と理由によって存在する軍事基地を維持するためのコストから派生する基地関連需要が、その経済の構造的・循環的規定要因となっている経済である」。このような規定は、経済的側面に着目したものであるが、基地を維持するコストには政治的・社会的・生態的なコストも含まれます。軍事基地の持つこのような非経済的コストは、計測することが困難なゆえに考慮されることはありませんが、決して無視することのできない大きな要素です。

このような考えからすると、二〇〇一年度以降、二〇〇〇億円を超えた軍事基地関連収支を「基地収入」と表現することは適切ではなく、米軍の戦闘機能を維持するための「基地維持コスト」として捉えるべきです。基地収入は経済発展の動因＝エネルギーにはなりえず、基地需要の源泉（＝軍関係受取）は沖縄において軍事基地を維持するためのコストであるにすぎません。しかも、いわゆる「基地収入」といわれているものは、全体の基地維持コストの一部にしかすぎません。つまり、基地維持コストとして見た場合、「基地収入」は余りにも少ない金額であり、長期間にわたって安価な基地維持を可能にしています。

平先生も指摘なさったように、このコストは戦後の沖縄社会経済が払った犠牲と比較して適切な大きさであったと言えるでしょうか。基地維持に向けられていた沖縄の諸資源を適切に基地以外の民間需要のために振り向けたとしたなら、沖縄経済の潜在力をどれだけ増大させたでしょうか。このように考えると、基地維持コストを適切に計測する努力が必要であると思います。

❁経済自立とは？

平先生は、「自立」とは「孤立」ではなく、沖縄経済はグローバル経済の中の相互依存関係に吸収されているという認識から出発しておられます。そして、対外収支均衡を自立経済の一つの指標として見た場合、沖縄経済は自立に程遠く、自立していない、という結論になっています。沖縄県の対外収支赤字が一〇％であるという状況は望ましくないことだが、極端に悪いとは言えないとも述べておられます。

【表１】沖縄経済の自立化指標

（単位 ％）

	財政依存度	物的生産力	域内自給率	対外収支係数	完全失業率	所得格差
1990年	34.6	9.4	64.9	72.0	3.9	32.9
1991年	36.2	9.2	64.0	69.1	4.0	34.3
1992年	38.0	8.6	63.5	67.5	4.3	31.3
1993年	38.7	8.2	61.7	62.9	4.4	29.5
1994年	39.6	8.2	61.2	62.3	5.1	32.1
1995年	42.0	8.1	60.9	61.6	5.8	31.8
1996年	41.7	7.9	60.0	60.0	6.5	32.6
1997年	40.7	8.0	61.7	67.3	6.0	32.0
1998年	42.2	7.6	58.8	63.6	7.7	28.3
1999年	44.0	7.7	57.9	64.5	8.3	28.5
2000年	42.0	7.4	59.0	67.3	7.9	29.1
2001年	42.6	7.5	58.8	67.1	8.4	26.2
2002年	42.7	6.6	59.0	66.4	8.3	26.9
2003年	43.2	7.4	59.2	67.3	7.8	27.9
2004年	40.5	6.6	61.4	69.2	7.6	30.1
2005年	39.7	6.2	64.3	73.5	7.9	29.8

（沖縄県企画部統計課　金融分析班「平成17年度県民経済計算」などをもとに算出した。）

上の【表１】のデータを見ていただいても、沖縄経済がたどってきたプロセスが、自立経済へ向かっているかといえば、「否」としかいえません。復帰後の沖縄経済は、自立とは逆のベクトルで動いてきました。

私は、二つの「じりつ」、「自立」と「自律」を区別して使っています。「自立」はeconomic independenceの意味で用います。経済的に外部の要素に依存せずに外から稼ぎ＝外貨獲得し、独り立ちすることと理解しています。外部の要素に依存すると、それらに振り回され、主体性が発揮できません。沖縄以外の事情で決まってくる財政移転や基地収入と言われるものへの依存がまさにそれに当たります。いわゆる他律依存型経済といわれるものです。

依存とは、経済の発展のエネルギー＝発展動因を他の要因に求めることですが、それは主体性が発揮できない状況に陥ります。依存体質は、従属させられ収奪されるのが落ちです。今の沖縄経済が向かっている先が、そのような日本経済への従属の道のように思えてなりません。もっと、東アジアのなかで沖縄を見つめ直し、国際的視野の中で主体性を発揮することが必要です。

これに対して、経済的自立にはもう一つの「自律」が必要ではないかと考えています。国語辞典の意味では、「自らの意志で自らのことを決定すること」ですが、ここでは「沖縄の地域特性や経済の発展段階に即した制度設計・仕組みづくりができること」と捉えます。独自の制度設計が可能となる自治権を獲得することが、「自律」に他なりません。その意味で、沖縄単独州となる道州制への移行に期待しているところです。

地域特性や経済の発展段階に即した制度ではないというのは、いくら飛び上がっても届かぬところにある餌は虚像でしかないということです。一段、一段と足元からステップを積み上げていく「自律」以外に「自立」への道はなさそうです。

今の沖縄には、沖縄独自の産業政策や雇用政策なんてありません。すべて全国一律の中央政府が持っている制度が、沖縄らしい衣を着て県や市町村に降りてきているだけです。農業政策も環境政策も福祉政策等々もしかりであります。だから、沖縄の社会経済は多くの制度的制約の中で思い切って発展することができず、高失業率・低所得水準等を招いております。

沖縄単独州や沖縄特別県制のような特区的発想が出てくるのも、そのような制度的限界に直面しているからにほかなりません。たとえば、公共投資一つとっても、沖縄が本土と一体化し同質化するための公共投資のやり方から脱却し、沖縄の地域特性＝島嶼性や環境特性を反映した個性化や自立化を支える投資に切り替えていくべきだと、三〇年ほど前から考えています。

私は、「September 11」があった二〇〇一年に、島嶼経済の自立を調べるために、地中海のマルタ島（共和国）やイギリスのマン島、フランスのコルシカ島など、いくつかの島を回ってきました。

その結果、わかったことは、経済の自立のためには、地域の実情にあった仕組みづくりができる「自律」が必要であるということでした。つまり、経済自立と制度設計力を持つ自律は正の相関関係にあることがわかりました。地域主権に基づく「自律」self-governance のないところに、真の経済自立 economic independence はないといえます。

「自律」self-governance が発揮されていることを実感したのは、マルタやマン島やコルシカで一緒に議論した行政マンや銀行マンや企業家などの皆さんがある共通した意識を持っているように感じたことです。それは、彼らが国を背負い、地域を背負い、家族を背負っているという気概を持っていたことです。今の県庁職員でそのような気概を持っている人はどの程度いるのでしょうか。むしろ、琉球政府時代のみなさんが「沖縄を背負っている」という気概に満ちていたように思います。

経済自立とは、経済・社会・地域が他に依存しないで個性的に発展していくプロセスであると言えます。個性ある自立経済の実現のためには、地域のわれわれの気概が問われています。そのために、もし依存すべきものがあるとすれば、それは財政や基地ではなく、自尊心であることを強調して、締めにします。

独立琉球共和国・日本琉球連邦・沖縄州

沖縄大学教授〔行政法〕仲地　博

❁連邦的結合と道州制

本シンポジウムのテーマは、「押しつけられた常識を覆す―経済の視点から」であるが、私は経済学の研究者ではない。基調報告を行われる平先生のお考えの基調に「連邦」「琉球独立」など沖縄に置ける自治のあり方があり、その面からのディスカッサントとして指名されたのだと思う。平先生は、今日の話の冒頭で独立国琉球共和国への移行について触れられた。また、最近新聞紙上で松島泰勝さんとの間の往復書簡を公表しておられるが、その中では、日本国との連邦的結合を主張されている。さらに道州制がからんでいる。平先生の構想の中で、この三つはどういう関係にあるのか、お伺いしたい。

私の理解するところでは――推測を交えた話になるが――平先生は、琉球独立は大風呂敷だといわれたところからすると、独立は見果てぬ夢というか向こう側にある理念のようなものであって、現実的選択肢としてはせいぜいのところ日本国との結合、連邦国的結合ということなのであろう。それでは、連邦的結合であるが、復帰の時ならまだしも、沖縄が日本となって三七年の現在では、日本と琉球が改めて連邦国家を形成するというのは、少なくとも今のところ現実的ではない。幸いというか、政府が日本に道州制を導入すると言っている。それをチャンスとして、沖縄を単独で州にし、その際、沖縄州は可能な限り自立性独立性の高い州にしよう、それを目標にしようというような主張と理解した。

平先生は、三〇数年前から琉球と日本との連邦的結合を主張された。復帰ではなく、対等な形での結合である。三〇年以上基本的にその主張を一貫して維持された姿勢に敬意を表したいと思う。また、三〇年以上前の考えが、今日も繰り返し取り挙げられ、また平先生から直接お聞きしたいという要望がしばしばあるということは、平先生に先見の明があったということであり、その内容が魅力的であったということであろう。その点でも敬意を表したい。

❁道州制と沖縄

平先生のお考えは、基本的には連邦制に近い沖縄州ということではないかと思うが、それは具体的にはどのようなもので、それをどのように実現するか、それについてお考えになっていることがあればお聞きしたいと思う。

沖縄にいて、地元の二紙を読んでいると、道州制の議論は大いに盛り上がっており、実際に一〇年後に道州制が日本に導入されるかもしれないという雰囲気である。担当大臣もその諮問機関である道州制ビジョン懇談会も、政権党である自由民主党も、一〇年後の実現を言っている。しかし、全体的には議論は極めて低調である。全国的に見れば、道州制特区法により特区に指定されている北海道では、その特区の権限をめぐって議論がなされている。関西では、経済界が中心になって広域連合という方法で広域の自治体を作るという案が検討されている。九州では、知事と経済界が地域戦略会議という組織をつくり、そこではかなり煮詰めた議論が行われている。しかし、日本全体では、中央省庁、マスコミ、自治体の首長・議員、住民などを巻き込んだ議論が行われているとは言い難い。

沖縄は例外的に道州制の議論が盛り上がっている。少なくとも道州制という言葉が市民の言葉になり、課題として意識に上るようになっている。地元二紙が精力的に取り上げてくれたお蔭であるが、その土壌として自治をめぐる長い熱心な議論があったということが見逃せない。平先生の日本国の改造論——沖縄の復帰で以って国そのものを変える機会とするという主張を始め、比嘉幹郎先生や久場政彦先生の構想、自治労の特別県政、沖縄自治研究会の自治州構想、新沖縄文学の共和国憲法、県が主導した国際都市形成構想、反復帰論、独立論などを議論してきた。

その土壌の上に、今日の道州制論議があるが、なぜ、今急激に道州制が焦点になってきたか。それは沖縄が主体的に動かなければ、沖縄は処分されるという危機感に原因がある。たとえば、先ほど触れた、大臣の諮問機関である道州制ビジョン懇談会の座長である江口克彦さんは、沖縄州というのはありえないという立場である。沖縄が自らの将来構想をどうするかを、沖縄の意思によるのではなく、政府によって沖縄のあり方が決められてしまうという危機感である。沖縄は、自らの将来を自ら描きたいというのが、沖縄道州制ビジョン懇談会の設置である。まったくの民間組織である。

自由民主党の最近の議論は、「連邦制に限りなく近い道州制」といっている。このようなことを自由民主党が言い出したというのはいささか驚いた。沖縄にとってはチャンスかもしれない。

先ほども述べたが、沖縄は繰り返し自立を議論した。特別県政や一国二制度の国際都市などである。その「特別」とは何か、特別の中身が何なのかという議論をしなければならない。抽象的には、自立性が高いということであるが、どのような制度がありどのような権限があればそうなるのか、どういう点で自立性を求めるのか。たとえば司法権も持とうとするのか、国防組織の一部も持ちたいのか、教科書を自由に作りたいのか、許認可なしに銀行業務をしたいのか、自立の中身を議論しなければ、居酒屋独立論と揶揄されることになる。

❁平先生とフロアからの発言を受けて

自立の中身は何なのか、沖縄にある自治体はどういう権能を有するのか、あるいは沖縄に住む住民はどういう自治権を持ちたいのかという議論が不可欠であるという点について、平先生も同意見ということであり心強く思っている。

平先生は、結論部分で、独立は夢物語ではない、とおっしゃる。この点については、同感であると言ってよいか、同感でないと言うのか迷うところである。「夢物語ではない」という表現には、「現実的ではないが」、というニュアンスも含まれているからである。

平先生が状況は変わったと言うところは同感である。道州制が現実の政治課題になっているのである。平先生は、これを日本国、日本国民の状況の変化と言われる。もう一つ私が付け加えるなら、沖縄も変わったのである。復帰のころ、反復帰論は、復帰運動に対して「なぜそんなに国家を求めるのか」と問題提起をした。あのころと比較するとわれわれの中で国家への志向性は相当に変化していると思う。復帰運動は本土並みを主張した。今、本土並み他県並みというのは道州制の議論の中では、すっかり影を潜めている。沖縄道州制懇話会の提言は、特例型の道州制を求めているが、新聞の投書欄などを見ても特例型を求める声が強い。状況は沖縄でも変わったのである。特例型の中身を議論する力、それを実現する政治的力がわれわれにどの程度あるかが課題である。

大城肇さんが「沖縄を背負う気概」を延べられた。そういう気概を構築するというのが、私たちここにいる皆の課題ではないか。先日この場所で行われたシンポのテーマに即して言えば「来るべき自己決定権のために」である。大城さんが、「今の沖縄には沖縄独自の産業政策や雇用政策はない」と発言された。これに関して二点コメントしたい。

沖縄が九州州になったら、九州州は、今の沖縄県より、沖縄地域の産業政策や雇用政策を今よりもっと充実させるとは思えないということである。

もう一つ、大城さんは「沖縄の産業政策は、すべて全国一律の制度が沖縄らしい衣を着て県に下りてくるだけ」と述べる。これは、沖縄県に政策立案能力がなくてそうなっているのか、それとも権限が沖縄になくて沖縄独自の政策をそもそも作れないのか、が区別される。たぶん両方であると思われるが、道州制との関係で言うと、どの法律のどういう権限があれば、沖縄は独自の政策が可能になるか、ということである。

(フロアから)、それによってザル経済のザルの穴をふさぐ方法があるのではないか、広大な海洋の効果的利用が考えられないか。それは沖縄自身が考えなければ、誰も考えてくれないのである。沖縄の特例は、沖縄が考えなければならない。

(フロアで「どういう法律の改廃が必要か」と発言があったが)、この過程の中で、どのような法律のどういう改正が必要かという細かい議論が出てくる。そういう議論は沖縄で行われていない。道州制は、結局国と道州の権限配分の問題である。中央レベルでは、いろいろな団体が配分の案を提示しているが、沖縄に即して沖縄特例の提案はまだなく、努力不足である。沖縄の「官民」あげて協力し、努力しなければならない。

第Ⅱ部

沖縄の基地を問い直す

連休でにぎわう海岸。米軍機が嘉手納飛行場へ降りて行く。2008年5月、北谷町砂辺

沖縄を米アジア戦略の中心と見る「神話」

琉球大学教授［国際政治学］　我部　政明

これまで「常識」とされてきたことを疑ってみることにする。そこから見えることを明らかにしたい。ここでは、沖縄の戦略的位置は米海兵隊を沖縄に配備することにとって重要な要因なのか、そして朝鮮半島での紛争に際して沖縄にいる米海兵隊が戦争の勝敗に決定的な役割を果たし得るのか、の二点を取り上げる。

❁沖縄に米海兵隊を配置する「理由」

朝鮮半島にもっとも近い九州の西北部にある佐世保米海軍基地。日本海と東シナ海をつなぐ対馬海峡を目前にする天然の良港である。旧日本海軍の基地として軍港が建設されて、町そのものが発展してきた。

この佐世保海軍基地は、上陸作戦を行える揚陸艦四隻の母港となっている。排水量四万トンを超

ホワイト・ビーチに接岸するエセックス、戦闘貯蔵艦コンコード、ジュノー〈奥から〉。
2008年3月9日。撮影：世嘉良学

え三〇機の艦載機をもつ強襲揚陸艦（ＬＨＤ）エセックス、排水量一万七〇〇〇トンで水陸両用車、上陸部隊の装備や兵員輸送のできる水陸輸送揚陸艦（ＬＰＤ）ジュノー、一万六〇〇〇トンで装備や兵員を輸送する上陸用揚陸艦（ＬＳＤ）のトートゥガとハーパーズ・フェリーである。エセックスを中核に、そのほか三隻でもって米海兵隊の地上・航空部隊を戦場へ送り込む任務をもつ、第11水陸両用戦隊が構成されている。米海軍は、水陸両用戦隊を大西洋側に四個、太平洋側に四個、前方展開として日本に一個をそれぞれ配備している。

佐世保を母港とするこれらの艦船に乗り込むのが沖縄にいる米海兵隊である。周囲をサンゴ礁に囲まれ、水深のある入り江が少ないため、沖縄には日本本土の横須賀や佐世保のような、修理ドックをもつ大規模な海軍施設は建設されなかった。

二万トンの艦船までしか入ることができない那覇軍港のほかには、海に突き出た栈橋のホワイト・ビーチ（うるま市勝連）、小規模な栈橋のレッド・ビーチだけだ。これらの艦船は、ホワイト・ビーチへ頻繁に入港し、さらにキャンプ・ハンセンから搬送される兵員や物資を積み込み、さらにキャンプ・シュワブに配備されている水陸両用車の積み込みや積み下ろしを海上で行っている。いずれの艦船も艦尾から出入りできるドック型となっているため、海上で小型の舟艇をその艦内のドックに直接収容できる。この機能から揚陸艦と呼ばれる。

なぜこうした米海兵隊が沖縄に配備されているのか。米軍が繰り返し指摘する根拠は、戦略位置に沖縄があるからだという。読者は沖縄本島を中心にして同心円を描く地図を見たことがあるだろう。その図そのものが、見る側の錯覚を生み出すのだ（次ページ以下）。

【図1】には、ソウルを中心にして半径二五〇キロ、五〇〇キロ、七五〇キロの同心円が描かれている。

【図2】は、図1と同じ距離でマニラを中心とする同心円を描いている。このように見せられると、マニラが北東アジア、東南アジアに重なる中心にあることをイメージづけられる。東アジアとなれば、マニラが中心というフレーズが出てきてもおかしくない。

【図3】は、沖縄を中心にして同心円を描いている。これは、沖縄が「世界」の中心であることを示すときに頻繁に登場する図である。沖縄県庁、在沖米海兵隊、内閣府沖縄総合事務局のブリーフィング（説明会）では必ずといってよいほど、こうした沖縄を中心とした地図を見せられる。

❁錯覚が生み出す「常識」

いずれの図も、これまでの錯覚から脱却してもらうために、北を下にし、南を上に描いた。そのため、新鮮な印象をもって、これらの図を眺めることができるだろう。

【図1】ソウルを中心にみる（半径250km、500km、750kmの同心円）

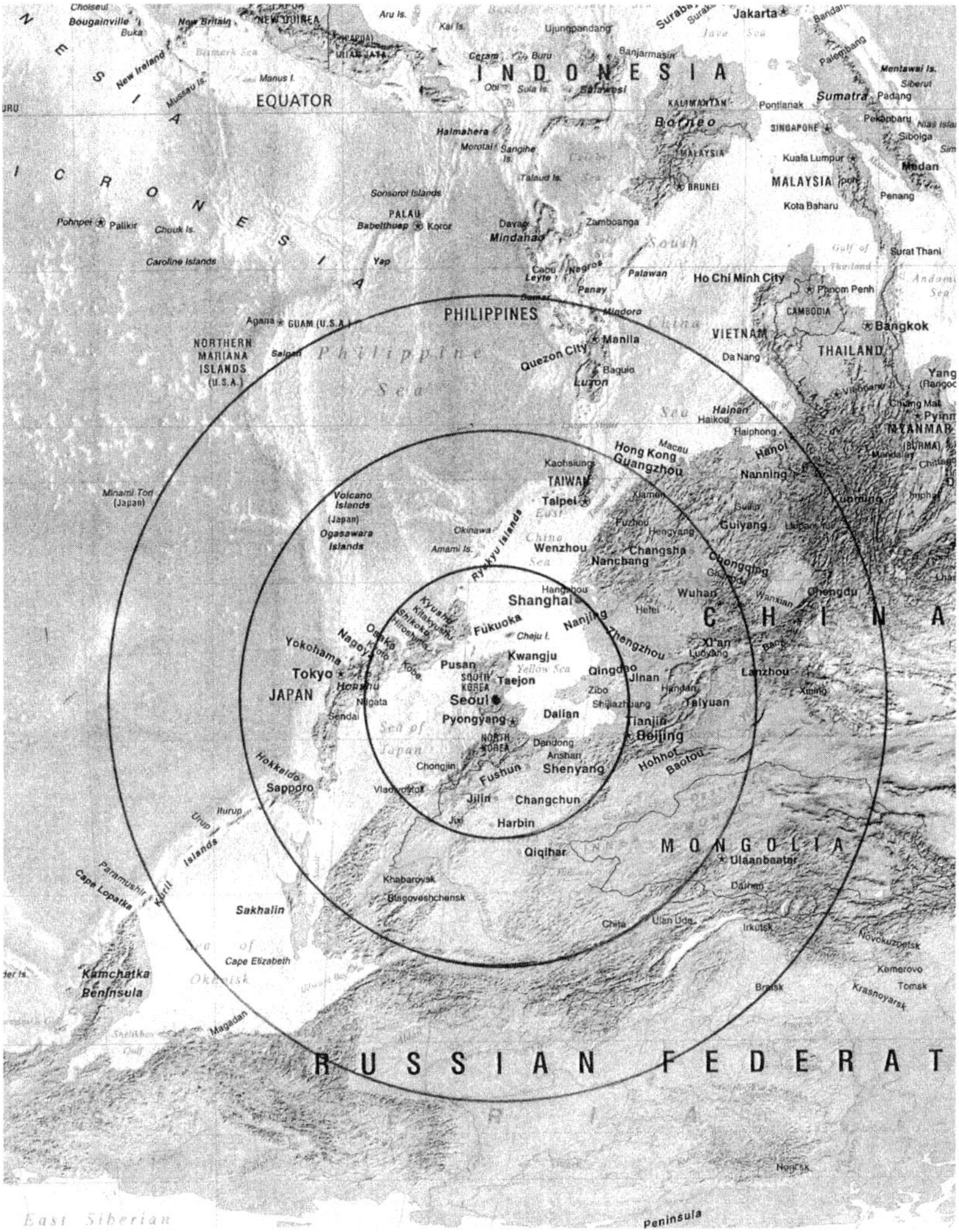

71　沖縄を米アジア戦略の中心と見る「神話」

【図2】マニラを中心にみる（半径250km、500km、750kmの同心円）

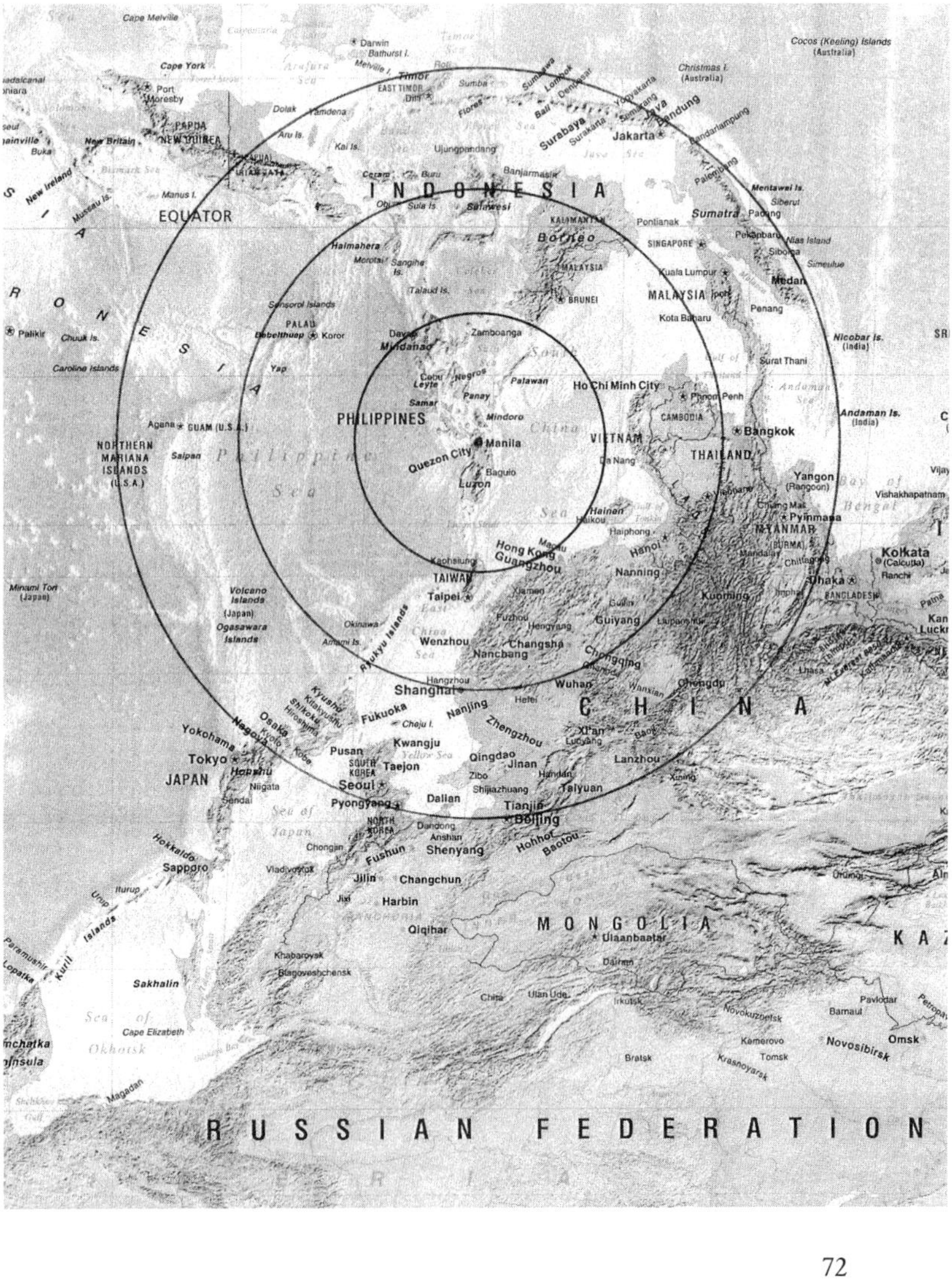

【図3】沖縄を中心にみる（半径250km、500km、750kmの同心円）

73　沖縄を米アジア戦略の中心と見る「神話」

米軍基地でのブリーフィングに参加すると、基地の所在する位置を中心にして、同心円の入った図あるいは周辺との距離を示す図を見せられることが多々ある。たとえば在日米軍司令部での在日米軍の役割を説明するために、東京を中心とする同心円でロシア、北朝鮮、中国、台湾への距離を示す図が登場する。また、在韓米軍司令部であればソウルを中心とする図、沖縄の米軍基地であれば沖縄を中心とする図などだ。こうした図の作成は米軍に限ったことではなく、自らが中心に位置することを強調するときに使われる図なのである。

たとえば沖縄県でも「アジアとの玄関」、「アジアとの架け橋」などと沖縄の位置づけを強調するさいに、沖縄を中心とする同心円を描く図を使う。なぜならば、図を描く側が自らを中心におくことでもって「世界の中心」であることを示せるからなのである。こうした同心円が意図的に選ばれたにもかかわらず、視覚の錯覚を生みやすい図を幾度となく見せられる間に同心円の中心にある地点をより重要な地点だ、と逆転して思い込むのである。

沖縄に米軍基地を置く根拠として挙げられる沖縄の戦略的位置は、図の中心に沖縄を意図的におくために生まれる錯覚なのである。戦略的に重要という場合には、実際に持っている基地をさすのであり、実際に持っていない基地を重要とは呼ばないのである。もし呼ぶとすれば、あったらいいなという願望でしかない。実際にもっている沖縄の基地を維持するためには、戦略的に重要と叫ぶ必要があるのだ。基地を維持するために、米軍は沖縄の戦略的位置を強調しているにすぎない。

❁朝鮮戦争からみる沖縄基地

沖縄の基地と朝鮮半島の有事（戦争が起きること、小規模な武力衝突から紛争へ拡大するときをいう）との関連を考えるとき、過去に起きた朝鮮戦争から推論することは妥当な方法だと思う。なぜならば、条件が同じであれば、同じことが起きることが多いからだ。

朝鮮戦争は、直接的には一九五〇年六月二五日、南北軍事境界線であった38度線を北朝鮮軍が越える侵攻によって始まった（一九五三年七月二七日に休戦協定）。北朝鮮軍は開戦三日目にソウルを陥れ、半島南部のプサン近くまで進撃した。米軍と韓国軍は、ソウルに近いインチョンに九月に上陸して反撃を開始するまでは、半島南部に追い詰められ、どうにか持ちこたえるだけの状態にあった。

朝鮮戦争の間、沖縄にいた米軍はどのような行動をとったのかを調べてみると、意外なことがわかる。これまで「常識」とされる沖縄の米軍基地の重要性は、ベトナム戦争（一九六五年～一九七五年まで）で形成された。たとえば、米軍部隊に集結、発進、弾薬・物資の集積・輸送、傷病兵の治療や休暇のための地、家族のまつところ、通信の要、訓練とりわけベトナムに似たジャングル内での戦闘訓練として沖縄の基地が使われた。この「常識」が、今も続いているとみてよい。

それに対し、朝鮮戦争においては嘉手納米空軍基地の航空部隊は大規模な作戦に従事していたが、地上部隊の参加は小規模であったのだ。

当時、沖縄にいた米陸軍部隊のコマンド・ヒストリー（部隊の年次報告書）によれば、朝鮮戦争の始まった直後の七月、沖縄にいた米陸軍の琉球軍（リュウキュウ・コマンドRyukyu Command、略してライカム）から地上部隊が朝鮮半島に送られた。これらは、第29歩兵連隊（二六六一名）、第226弾薬基地グループ（一八三名）、第595工兵トラック中隊（六五名）、第76工兵建設大隊（七七九名）であった。その時、沖縄には、米陸軍は一万二一四七名がいた。その内の三割の兵力が沖縄を離れた後に、さらに地上部隊が沖縄から朝鮮半島に送られることはなかった。

当時、沖縄には米海兵隊は配備されていなかった。朝鮮戦争に投入された地上部隊は、日本本土にいた地上部隊（米陸軍と米海兵隊）と米本土から日本経由で送られた兵力であった。そのなかに米海兵隊が含まれ、米本土から後方支援として日本本土に送られたのが第3海兵師団だった。その第3海兵師団が、一九五八年に沖縄へ配置換えとなり、現在もあるキャンプ・コートニー、キャンプ・ハンセン、キャンプ・シュワブなどの海兵隊基地が建設されたのである。米海軍の補助飛行場であった普天間飛行場は一九六〇年に海兵隊の管理に移され、現在に至っている。

❁最初だけ役立つ米海兵隊

もし近い将来、一九五〇年に起きた朝鮮戦争規模の戦争が再び朝鮮半島で起きるとき、沖縄にいる米地上部隊の行動は、琉球軍と同じ程度の貢献であり、勝敗を決するような役割を担うことはない。沖縄には現在、地上部隊としての米陸軍は存在していないため、米海兵隊のみが朝鮮半島の地

大型輸送機が飛来する普天間飛行場。2007年8月22日。撮影：世嘉良学

上戦へ送り込まれることになる。その規模は、三五〇〇名だ。その部隊が第31海兵遠征部隊（31ＭＥＵ）である。この部隊を運ぶのが、冒頭に紹介した佐世保を母港とする揚陸艦である。朝鮮半島へ展開する米海兵隊の兵力規模は、朝鮮戦争時に沖縄から派遣された規模と、偶然にも同じだ。

米海兵隊の陸軍とは異なる特徴は、航空機と一体となって地上作戦を行うことだ。そのため、海兵隊は飛行場を必要とする。宜野湾市にある普天間基地には、攻撃小型ヘリ、中型輸送ヘリ、大型ヘリに加えＫＣ130空中給油機など三〇機が、現在、配備されている。そのほとんどのヘリコプターが、強襲揚陸艦エセックスに積み込まれることになる。つまり、31ＭＥＵを構成するだけのヘリコプターが普天間基地所属となり、エセックスが訓練や作戦行動をとる場合に、ヘリはエセックスに移る。その後の普天間飛行場には、わずかなヘリコプターと空中給油機のみが残る。他にもヘリ部隊が配備されていたが、イラクやアフガンに派遣されて以後、戻ってきていない。

朝鮮半島の有事には31ＭＥＵが必要なので沖縄に配備しなければならない、それが米軍のいう理由である。つまり、米軍は危機のとき31ＭＥＵを最初に投入する部隊として位置づけているのだ。

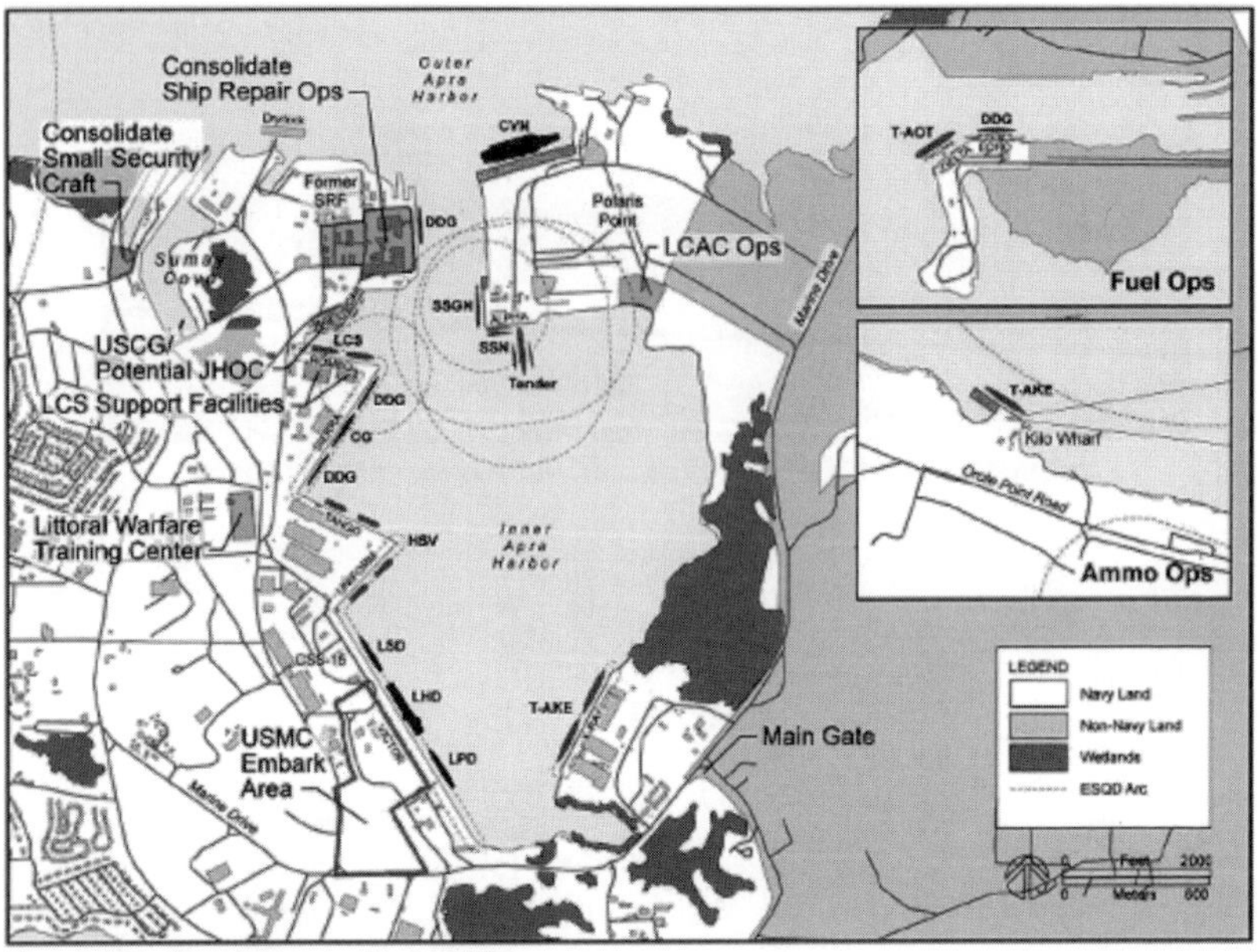

Figure 4-5: Notional Apra Harbor Plan

グアム基地開発計画（GIMDP）のなかに、アプラ軍港に揚陸艦（LHD、LPD、LSD）用の桟橋の建設が予定されている

軍事的合理性を欠く新飛行場

日米間で合意された在日米軍の再編計画のなかで、普天間基地所属のヘリ部隊は、名護市東海岸にあるキャンプ・シュワブとその周辺海域を埋め立てて建設される新飛行場に移される予定だ。新飛行場の完成目標は、二〇一四年。

普天間飛行場は、有事の際には二三〇機の航空機を収容できる広さをもっている。再編計画通りに新基地が建設されれば、沖縄のヘリ部隊は、四八〇ヘクタールの面積、二八〇〇メートルの滑走路を一本もつ普天間飛行場から、二一〇ヘクタールの面積、V字に交差する一八〇〇メートルの滑走路を二本もつ新飛行場へ移る。普天間に比べて狭く、短い滑走路の新飛行場で、有事の際の対応ができるのだろうか。

普天間より小規模の飛行場でよいと米政府が決定したことは、今後、有事の際に米海兵隊が沖縄から大規模な展開をしないと決断したのだと考えられる。つまり、31ＭＥＵを沖縄から朝鮮半島へ送り込めば、沖縄の海兵隊基地としての役割は完了したと想定しているのだ。その後に、朝鮮半島に米海兵隊を送り込む基地としてグアムを想定しているため、米軍はグアムに大きな港湾施設の整備と海兵隊用に航空施設の建設を計画しているのだ（米太平洋軍『グアム統合軍事開発計画』二〇〇六年七月、3〜20ページ）。計画通りに大きな海兵隊基地がグアムにできれば、もう沖縄に地上兵力を配備する必要性が失われる。

軍事的に見ると、沖縄に米海兵隊のための新基地は不要なのである。新飛行場建設は軍事的な合理性を欠いている。注意すべきは、新飛行場をさらに拡張するとなると、米海兵隊はグアムではなく沖縄に再び固執する意図をもったと考えてよい。

防衛省が、二〇〇九年四月一日に公表した環境影響評価（アセスメント）準備書によれば、新飛行場の位置は北側の大浦湾に突き出す形で、南側の浅瀬部分を小さくしている。これは、滑走路を延長しようとすれば、埋め立てが容易な浅瀬が有力候補となるであろう。そのとき、新飛行場となる二〇五ヘクタール中、埋め立ての一六〇ヘクタールの影響により浅瀬の環境が変化し、保全の対象からはずされるならば、滑走路延長の埋め立て工事の障害は激減するだろう。つまり、新飛行場建設は、負担軽減ではなく恒久的な基地建設である。

❁那覇空港拡張計画に潜む問題性

もう一つの注意点は、那覇空港の拡張計画である。沖縄県庁や那覇空港周辺の自治体そして在野から、那覇空港の沖合いを埋め立てて現行の滑走路に加えてもう一本の滑走路を建設し、民間空港として乗客、物資の扱い量を拡大しハブ空港を目指す案が二〇〇一年に出された。その案は政府関係機関をも巻き込み、仲井眞弘多《なかいまひろかず》・現知事に引き継がれ、沖縄総合事務局による滑走路増設案についての意見調査が、二〇〇八年一二月から〇九年二月まで実施された。

現在進められている滑走路増設のための検討（左ページの図参照）では、現行の滑走路を共用している自衛隊の運用や施設配置は明らかにされていない。いわゆる「軍民共用」の那覇空港に新たに滑走路ができるとき、自衛隊と民間の施設の調整は不可欠である。新たな滑走路が民間専用となれば、自衛隊が現在の滑走路を専用とすることになるだろう。その例として、滑走路二本をもち、それぞれを自衛隊と民間が使う千歳空港を挙げることができよう。

そしてさらに、自衛隊専用の区域が米軍との共同使用となることは、容易に予想できる。沖縄での基地負担を軽減化する理由から、本土にある自衛隊基地の米軍との共同利用が進んできたからだ。日本本土で米軍が削減されるときに、これまで米軍専用であった基地を自衛隊との共同使用へ変更して、その後に米軍が必要とするときに利用する権利を確保する方法がとられてきた経緯がある。現在の自衛隊の米軍との共同使用基地のほとんどがそうである。三沢、横須賀、厚木、岩国、佐世保など

増設A案(滑走路間隔1310m)

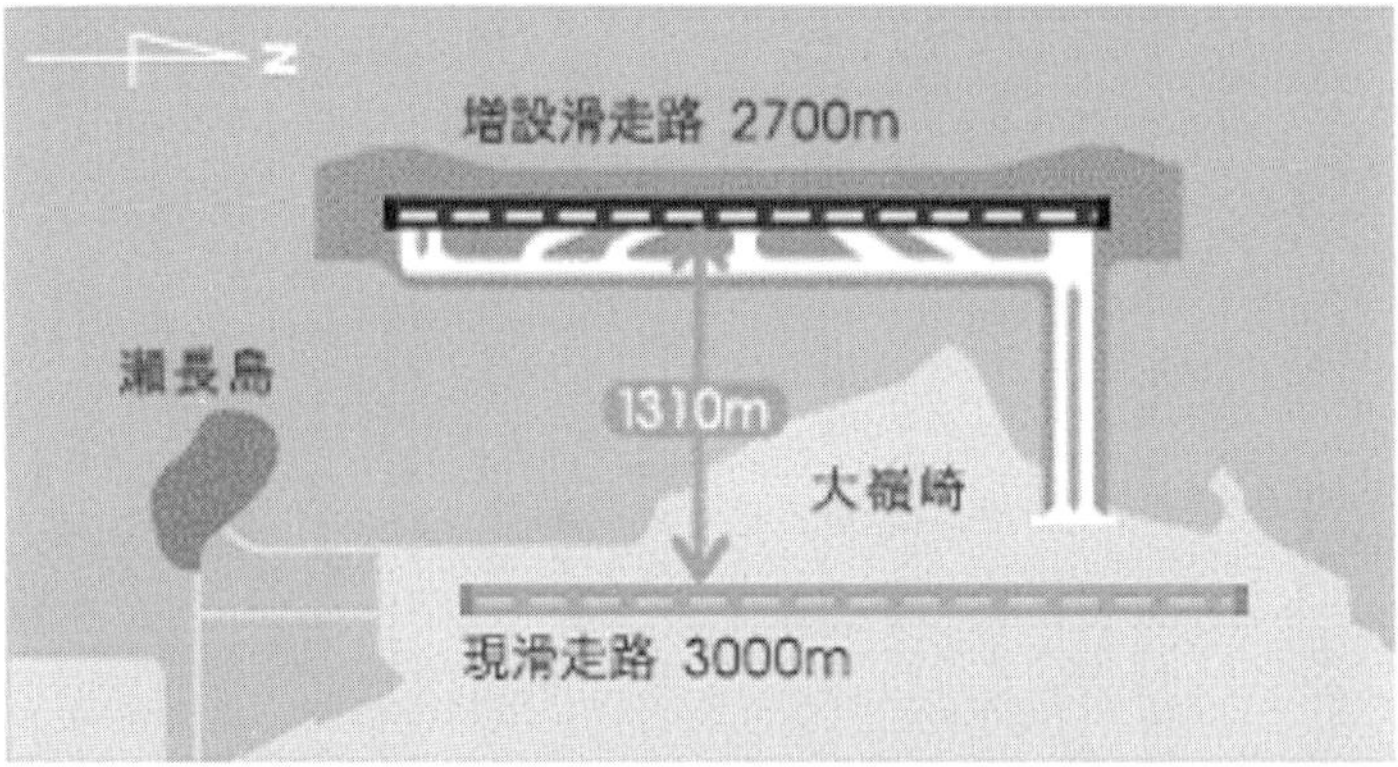

増設B案(滑走路間隔850m)

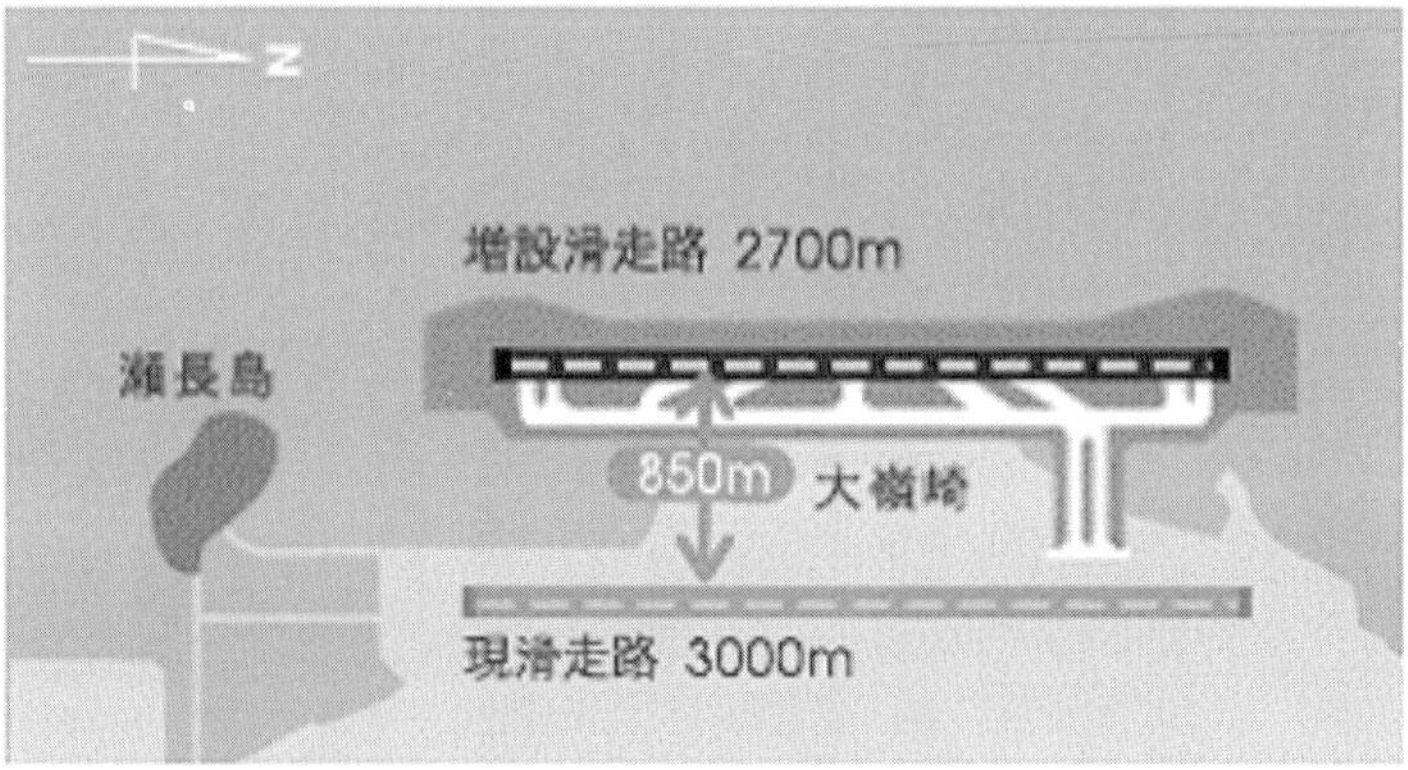

(沖縄総合事務局『群星』2009年１・２月号、６ページより)
http://www.ogb.go.jp/soumu/2941/004148.html

の米軍基地だけでなく、矢臼別《やうすべつ》、東富士、日出生台《ひじゅうだい》などの自衛隊の射撃訓練場も米軍へ供されている。

普天間飛行場を返還して、嘉手納《かでな》空軍基地に海兵隊のヘリ部隊を収容しようとした嘉手納統合案が、一九九六年秋に検討されたことがある。その統合案は結果的には採用されずに、名護市にある米海兵隊キャンプ・シュワブあるいは隣接して新飛行場を建設する計画が浮上した。それが、いわゆるＳＡＣＯ（沖縄に関する日米特別行動委員会）合意である。

なぜ、嘉手納への統合が見送られたのか。それには、二つの大きな理由があった。

一つは、有事の際に広い普天間飛行場を使って想定されていた海兵隊の戦略輸送を行えるだけのスペースを、嘉手納に確保できないとする空軍側の理由であった。もう一つは、普天間と嘉手納とは相互に代替飛行場となる関係にあることだ。敵の攻撃を受けるか、あるいは事故によって滑走路が使えない場合には、もう一方を使って飛来する味方機の離発着を行うことにしている。

普天間が返還されるとき、嘉手納の代替として那覇空港が候補としてあがったが、日本側から民間機との混在を理由にして那覇を代替とする案が拒否された。代替飛行場として那覇の自衛隊専用滑走路が確保されるならば、嘉手納の運用の安定性が高まるばかりか、現在の普天間所属の三〇機程度の米海兵隊ヘリを移設することも可能となろう。普天間飛行場を返還して、そのヘリ部隊を沖縄に残そうとすれば、先にみた沖縄防衛局の進めるキャンプ・シュワブ、あるいは共同使用の自衛隊那覇基地のいずれかになるだろう。

とはいえ客観的にみれば、沖縄に米海兵隊の31ＭＥＵ規模の存在は不要であることに変わりない。

オバマ政権のアメリカ
——経済と対外政策の変化

沖縄国際大学教授〔地方自治・アメリカ政治〕 佐藤 学

❁アメリカはオバマをどう受け入れてきたか

◆オバマ勝利の余韻

バラク・オバマが二〇〇八年一一月の大統領選挙に勝ってから、本稿執筆時点で約半年が過ぎた。オバマの勝利については、すでに多くのことが論じられてきたが、米国史上初の黒人大統領の誕生が、米国社会の変容を示していることは間違いない。しかし、二〇〇八年九月の金融危機勃発と、その後の実体経済の危機が、共和党の経済政策への信頼を大きく損ねた状況がなければ、オバマの勝利は確実なものではなかった。

就任以来、経済運営が最大の政策課題となっているオバマにとり、現在の経済危機は、勝利の最大の原因であり、同時に政権の将来を決める鍵でもある。オバマに対する期待は、単に経済を立て直すこと、イラク戦争を終結させることといった具体的政策課題を超え、米国社会そのものの変革に及んでいる。ブッシュ大統領が極限まで進めた強権的政治や、党派対立を煽る政治姿勢を打ち破るだけでなく、八〇年代から続いてきた、共和党主導の市場原理主義的な思想に基く政府の役割否定や、ブッシュ政権の軍事・外交政策により地に堕ちた米国の国際社会における信用、更には建国以来続いてきた人種問題までをも、根本から改革していくことが期待されているのである。果たして生身の政治家に、このように過大な期待に応えることが可能であろうか。

◆支持率の傾向

米国ギャラップ社世論調査によると、一月末の政権以来の三カ月間、オバマへの支持率は、六〇%台の高い水準を維持している。しかし、その内容を見ると、必ずしもオバマが圧倒的な支持を、万遍なく獲得しているのではない状況が分かる。大統領選挙での「圧勝」という印象とは裏腹に、オバマとマケインの得票率は、五二%対四七%の五%差でしかない。現在の支持率は、その得票率は大きく上回っており、就任直後の「ご祝儀相場」が終わった後として、六〇%台の支持率は高い水準ではある。しかし、三カ月間ではっきりした傾向は、共和党支持者の間での、オバマ支持の低落である。

二月に、全体のオバマ支持率は六七〜六八%の水準であり、一方不支持は一二〜一八%であった。それが四月には、支持率が六一〜六二%となり、不支持が二八〜二九%となっている。支持政党別に見ると、共和党支持者の間での支持率が四〇％台から二〇％台に落ちた反面、民主党支持者の間では九〇％を超える支持率を維持している。ブッシュ政権における過度の政党対立を解消し、共和党からも支持を得る政権運営を目指して発足したオバマ政権であるが、現実はブッシュの鏡像になっている。党派対立を超えた大統領としての性格付けは、すでに消えたと見てよいであろう。

オバマ政権の方向性

◆国内政策

オバマの政策には、国内政策における強い「リベラリズム」志向と、対外政策における「中道リアリズム」志向が共存している。内政面では、一九八〇年代以来否定されてきた、政府歳出による経済活性化、雇用創出、産業支援という、典型的な「リベラル」経済政策が採られている。一九八〇年代の「レーガン革命」、および一九九〇年代の「共和党革命」と称される、二つの市場至上主義政策、極端な規制緩和政策が、ブッシュ政権下での金融危機を生み出す結果をもたらした。米国では、「政府が問題である」との考えが浸透し、民主党クリントン大統領も、本来目指したリベラルな国内政策は実現できなかった。

その状況を経済危機が一変させた。長らくリベラル派の目標であった国民健康保険制度創設を含め、オバマの経済・内政政策には多くの政府政策拡充プログラムが含まれている。また、富裕層優遇税制による投資増大を雇用創出の中心とする共和党の政策は、金融危機により信憑性を失い、オバマは国民多数の支持を背景に税制の転換も導入しようとしている。エネルギー政策、環境政策では、オバマは共和党の教義から一八〇度の転換を志向しており、「グリーン・ニューディール」の名の下に、環境保全と新産業創出の両方を実現すべき政策を打ち出している。

しかし、この二つの政策目標は、短期的な成果をもたらすことが困難である。長期的な環境保全は、短期的な雇用創出には繋がらない。同時に、過度な金融業重視に陥っていた人材育成を、基礎科学研究に向けられるかが、長期的な経済成長の基礎となるが、この方向での教育改革や研究支援の拡充を、短期的な財政難の中で実現することも困難である。

経済以外の社会政策においては、一九七〇年代から米国政治の中心的課題であり続ける、妊娠中絶、同性愛者の権利、政教分離といった政策分野で、共和党＝キリスト教保守派の影響力を抑える方向での転換が行われつつある。

こうして、国内政策においては、共和党の教義を覆すリベラル志向が鮮明であるが、保守派は虎《こ》視眈々《したんたん》とオバマの「失敗」を待ち構えている。超党派の支持を求めたオバマの姿勢に反して、議会共和党は結束してオバマ予算に反対しており、またメディアにおいて保守派のコメンテイターたちが、今回の大統領選挙が無かったかのような、相も変わらぬ「反税、反政府」プロパガンダを流し続けている。これは、経済が早期に回復しなければ、世論を一気にオバマ批判とリベラル政策の再否定に導き、形勢を逆転しようとする狙いの、保守派が仕掛ける罠である。米国において、市場原理主義は根強く生き残っていくのである。

◆対外政策

オバマは、ブッシュのイラク戦争を批判し、イラクからの早期撤退を公約として、民主党候補選出の予備選挙初期に、党内の活動家の支持を集めた。若い、イラク戦争反対の支持者たちを、インターネットの効率的活用で動員し、またインターネット利用による資金集めに成功したことが、ヒラリー・クリントンに勝った理由であった。そうして作り出された「反戦」候補者という印象と比べると、大統領としてのオバマの対外政策は、かなり異なるものとなっている。

無論、ブッシュの一国・単独主義の戦争政策からの明瞭な離反は行われており、国際協調を重視する方向は明瞭である。たとえば、中南米諸国との関係修復を求め、特に、対キューバ政策の柔軟化を示していることは、長らく続いたキューバの孤立化を求める政策からの転換を意味する。地球温暖化防止への国際努力に協調する姿勢や、中国との経済問題での協調姿勢、あるいは「ミサイル」発射後の対北朝鮮非難決議での、日本の意向に反する妥協等、ブッシュ政権の「対立ありき」の姿勢からは、すでに大きく転換している。

しかし、選挙戦から対外政策の中心として訴えてきたアフガニスタンへの派兵増強は、ブッシュ政権の命運をイラクが決めたように、オバマにとっての落とし穴になる可能性が高い。ブッシュは、イラク占領後の国造り（nation building）には深入りしないとの方針を打ち出していたにもかかわらず、フセイン政権を倒した後のイラク情勢により、関与を肥大させざるをえなくなった。現在、イラク情勢が落ち着いたのは、当初の政策を覆す大規模増派を実施した結果であり、米軍は、そのようなイラクへの関与により疲弊してきた。

オバマのアフガニスタン政策の根本には、ブッシュから引き継いだ「テロとの戦い」を至上の目的とする軍事政策がある。オバマのイラク戦争批判は、アル・カイダを叩くためには、イラクではなくアフガニスタンでの戦争努力にこそ集中すべきであるとの姿勢からであった。現在、アフガン政策の目標は何なのかについて、政権内部でも意見の分裂がある。民政安定がテロ組織根絶の鍵であるとする見方からは、大規模な米軍の駐留は逆効果である。他方、強固な米軍の存在こそがアフガニスタン情勢を安定化させ、テロを掃討できるとする立場からは、長期的な国造りへの関与が主張されている。

皮肉にも、イラク情勢は安定したとの認識が米国民に広がり、イラク戦争は最大の関心事ではなくなっている。世論調査を見ると、「イラク情勢は改善されている、良い方向にある」とする回答が、「悪化している、悲観的な見通しである」との回答を上回っている。一方、アフガニスタン情勢に関しては、その逆の傾向になっており、国民の間で、イラク戦争が、過去の問題となる一方、オバマが中心に据えているアフガニスタン政策には、悲観的な見方が増えていることが分かる。アフガニスタン情勢は、悪化すれば、オバマ政権の命取りになりかねない。

核廃絶への訴え、国際協調主義への転換、捕虜への拷問の禁止、冷戦時代から持ち越しとなっている兵器開発の見直し等、オバマが、ブッシュとは異なる方向を目指している指標が見られる一方、ブッシュのイラクでの失敗と本質を同じくする、アフガニスタン政策に固執する姿勢の両方が見られるのが、現在のオバマの対外政策の特徴である。これはまた、ケネディーの跡を継いだジョンソン政権の二の舞となる危険性を暗示している。ジョンソン大統領は、本来最重要課題としていた国内の貧困対策を進めるために、保守派からの攻撃を抑える必要があった。ヴェトナム戦争に深入りしていったのはそのためと考えられている。結果的にジョンソンはヴェトナム戦争で政権の命脈を絶たれることとなったが、国内政策と対外政策の相互作用は、ジョンソンと同様に、オバマ政権の命運を決めかねない。

❁「グアム移転協定」とオバマ政権

では、沖縄にとり、オバマ政権はどのような存在となるのか。辺野古《へのこ》・高江《たかえ》の新基地建設を止めるためには、オバマ政権の示すブッシュ政権からの離反志向を利用出来る可能性がある。それは、オバマ政権が環境、人権を重要な政策の指針としている点、またブッシュが「戦時」を理由として超憲法的な強権政治を行ったのに対し、遵法的な政権運営を目指している点、さらに、軍事予算も全体の予算の制約下に置くことを明言しているという点である。

環境、人権での沖縄からの訴えは、もしオバマ政権中枢に実態を知らせることが出来れば、政権としての対応が変わる可能性は今でもあると思われる。クリントン国務長官が来日して「グアム移転協定」に署名したが、国務省内での沖縄基地問題に関する情報の流れは、省内の「沖縄通」が操っているために、正規のルートで辺野古の問題が上層部まで届いていない。政権上層部にとり、冷戦時や九〇年代とは異なり、沖縄は注意を払う必要のない小さな問題となっているからである。そこを変える可能性があるのは、米国で起こされた「ジュゴン訴訟」である。米国内で上級審まで進むと、メディアの関心も呼ぶであろうし、何よりも米国における司法の強制力は日本では想像出来ないほど強いので、沖縄での基地建設を止める契機になりえる。

そもそも、九五年の少女暴行事件後の、米軍基地反対運動の高まりに危機感を抱いた日米両政府が、基地の安定的な運用を可能にするために、沖縄の負担軽減の象徴として提示したのが普天間基地返還案であった。県内への代替基地建設は、あくまで、そのための条件で、小規模な施設が想定されていたのであり、本来の目的は、普天間基地返還であった。SACO合意に盛り込まれた諸施策の元となった、「下河辺《しもこうべ》メモ」を作成した元国土庁事務次官・下河辺淳氏は、オーラルヒストリーの中で、「米軍は移転したら四五メーターでいいって言うんすからね。だから、四五メーターで移転する以外は、米軍考えなかったから（中略）四五メーターのヘリコプターのセンターを作ればいいんじゃないすかね。」と発言している（江上能義『平成一五年度文部科学省科学研究費補助金基盤研究（B）（2）課題番号一四三二〇〇〇八　自治基本条例の比較的・理論的・実践的総合研究　報告書No.4』二〇一ページ）。同氏はまた、このオーラルヒストリーの中の数箇所で、同趣旨の発言を残している（二五八、二五一、二六二、三一一ページ）。

❁米軍の世界戦略に矛盾する新基地建設

一九九五年は冷戦終結後わずか四年、中国経済の発展がようやく端緒に着いたこの時期に、すでに米軍は、普天間基地の規模を必要としないという判断をしていたのである。にもかかわらず経済面での米中協調が進み、中台関係も安定化している現在、普天間基地をはるかに超える規模と機能を備えた代替基地が、米軍の世界戦略の中で必要不可欠であるとする主張には、無理がある。さらに、ラムズフェルド・ドクトリンの下で実施された米軍再編は、国外での前方展開基地を縮小する方向で進められたのであり、辺野古での新基地建設は、米軍世界戦略に矛盾する政策である。

新基地建設が、沖縄における基地負担の恒久化を生み、新たな環境破壊、環境被害の原因となって、沖縄の人びとに半永久的な犠牲を強いる以上、それは日米政府による人権抑圧以外の何物でもない。建前上、人権擁護の看板を掲げているオバマ政権中枢に、もしも沖縄の状況を直接投げかけることが出来れば、グァンタナモ基地や、アブ・グレイブ刑務所の問題が、オバマ政権の軍事政策に大きな影響を与えたように、沖縄における米軍再編を変える可能性がある。そして、この「犠牲」は、基地受け容れを強要する日米政府の経済・財政的圧力により、沖縄側が、あたかも自ら基地負担を望んでいるかのような態度を示さねばならない構造が、作りだすものである。

そして、オバマにとっては最大の懸案である経済・財政が、辺野古・高江の基地建設を止める要因になりうる。「グアム移転協定」は、米国連邦議会の関わりが全くない「行政協定」（executive agreement）である。米国が外国との条約を結ぶ際、憲法上は上院の三分の二の賛成をもって大統領が結ぶ手続きのみを定めている。今回のような「行政協定」は、大統領が議会を迂回するために使ってきた便法である。米国連邦最高裁判所は、大統領が行政協定を結ぶ権限を認めているが、しかし、その有効範囲については、行政協定は、憲法の人権規定に優越しないというような制約を加えている。

もし、米国政府が、今回の協定が米国の予算や国内政策への強制力を持つと想定しているならば、議会の関与無しで通すことは考えられない。たとえば貿易協定には、上院、下院の過半数の賛成で承認する「議会―行政協定」という手続が執られる。「グアム移転協定」は、前文で、グアム移転費用のうち、日本負担分を除く三一億八〇〇〇万ドルと、道路整備費用一〇億ドルを加えた額を拠出することが「ロードマップに記載されていることを再確認し」ており、また第二条で、「アメリカ合衆国政府は、（中略）グアムにおける施設および基盤を整備する同政府の事業への資金の拠出を含む移転のために必要な措置をとる。」と定めている。

しかし、「合衆国は」あるいは「アメリカ合衆国政府は」と書かれてはいるものの、連邦議会の議決を経ていない以上、これらの額の資金拠出には、全く裏付けがない。「米国政府」で予算の支出を決める権限は、連邦議会のみが持つ。行政府＝大統領―国務長官が、何を約束しようと、議会にはそれに従う義務はない。米国政府は、議院内閣制の日本政府と異なる、権力分立をより徹底させた大統領制の政府を持つ。他方、日本ではこの協定を国会の決議で批准する。ここに、両者の、この協定に持たせる強制力への認識の大きな違いがあり、日本側のみが、この協定に縛られる形に自ら仕組んでいるのである。これは、広く議論されているように、日本で政権交代が起きた際にも、新政権は「国際条約」に縛られるという恫喝を加える目的で執られた措置である。

しかしながら、すでに述べたように、米国はこの協定に、そのような強制力を認めていない。また、米国においては、議会の議決を経ない行政協定は、それを締結した大統領の任期のみに有効であるとする解釈が有力である。米国が認めていない強制力を自らのみに課すという姿勢が許されるべきではない。

❁経済情勢悪化の中での新基地建設計画

今後数年間の米国経済の先行きと、米国財政赤字の状況を考えれば、グアム移転への費用を連邦議会が予算化しない可能性も高い。連邦議会にとり、また、オバマ政権にとっても、軍事予算の中で緊急度が低く、また正式の連邦議会議員を持たないために、政治的に予算を誘導する力が弱いグアムでの基地建設に、予算を優先的に配分することは考え難い。そうなると、四月七日と一〇日の、外務省の衆議院外務委員会での答弁で明らかなように、この協定の日本に対する強制力はなくなる。

一方、日本政府の極度に従属的な傾向を考えれば、米国が日本の拠出割合の増大を強いてくる可能性もある。しかし、日本政府にも、それに応えられるような財政上の余裕はない。日米両政府の財政悪化が、移設協定、辺野古・高江の基地建設を阻害する要因になりうる。

さらに、「グアム移転協定」第八条には、「アメリカ合衆国政府は、同政府が日本国の提供した資金が拠出された施設及び基盤に重大な影響を与えるおそれのある変更を検討する場合には、日本国政府と協議を行い、かつ、日本国の懸念を充分に考慮に入れて適切な措置をとる。」とあるが、これは要するに、変更を発議できるのは米国だけであるとの規定である。このように、「グアム移転協定」は、一五〇年も前の日米修好通商条約を思い起こさせるような、片務的で不平等な取り決めである。

オバマ政権にとって、むしろこの協定の内容を遂行しない方がむしろ利益となることを、国務省経由ではない政治的回路を使って、政権中枢に訴えることが出来れば、移転協定の如何を問わず、あるいは協定があるが故に、辺野古・高江の新基地建設を止めることが可能となるであろう。これから、基地建設を止める方策を、全く新たな発想で構想していくべきなのである。

「基地のない沖縄」の国際環境

琉球大学教授〔国際関係論〕
星野英一

考えられないことを考える

「基地のない沖縄」の国際環境を構想するというのは、空想的・ＳＦ的なことなのだろうか。確かに、そうした側面がないとは言えない。しかし、「考えられないことを考える」こと（Thinking Unthinkable）なしに、「発想の転換」も「常識を覆す」ことも実現できない。

そのためには、空想的・ＳＦ的な構想力の他に、中長期的なマクロな視点が必要だし、「基地のある沖縄」の今の中に、それを覆す可能性を見つけ出す観察眼も必要だろう。

「基地のある沖縄」の現在を支えている要因として、歴史的要因、アメリカの世界戦略、軍産複合体と政官財関係なども重要だが、ここではそれらの他に次の三つの点を指摘しておきたい。

一つは、固定観念で国際環境を見ること。金槌を持つとすべてが釘に見えるように、ＰＡＣ３を持つと飛んでくるものすべてがミサイルに見えてくる。そして、伝統的な現実主義の国家安全保障観を持つと誰もが敵に見えてくる。

第二に、日米安保一辺倒と沖縄への基地の押し付け。現実主義の国家安全保障観を持つものが、自立的な軍事大国化を目指すのでなければ、軍事同盟に依存することになる。日米安保一辺倒と対米依存の対外政策の裏側に、沖縄への基地の押しつけという国内政治上の政策選択がある。

第三に、補償型政治の成功。ケント・カルダーの言う補償型政治とは、「要求を聞き入れる者と支持者に物理的な満足をもたらし、それを喧伝する政策」だが、その御利益に預かるのは、建設業者、基地労働者の組合、軍用地主などだという。

しかし、振興策の非合理性を指摘する声が聞こえるようになってきた。ゼロ成長あるいはマイナス成長の政府の予算制約もある。露骨な出来高払いの再編交付金が逆に人びとの反発を買う可能性も十分にある。

また、同盟国日本に対する要求の高まり、軍事的国際貢献の要請が出てくると、対米依存の安全保障政策は矛盾を経験することになる。

このように現実の側から「基地のある沖縄」の今を支えている要因に揺らぎがもたらされている。伝統的な現実主義の安全保障観から見る国際環境においても、同様の指摘が可能だろう。本章では、この第一の要因に焦点をあて、読者に「基地のない沖縄」の国際環境を構想するための手がかりを提供したい。

❁「押しつけられた常識」としての国際環境

◆伝統的な現実主義の安全保障観

ここで言う「押しつけられた常識」としての国際環境とは、「国際社会は弱肉強食の無政府状態であり、それゆえ自国の軍事力に依拠するか、地域の軍事大国との同盟に依存する他はない」とする、現実主義の国際社会観・安全保障観である。

一般に安全保障構想が「何が何から何をどのように守るのか」（佐々木寛『戦後日本スタディーズ3』）を定義する必要があるなら、現実主義の安全保障構想は、「国が、外部の仮想敵国から、自分の国（政府、国土、国民）を軍事力によって、守る」と表現することができる。キャッチコピー風に言うならば「軍事同盟による脅威対処型・攻撃抑止型の伝統的安全保障」である。

しかし、この国家安全保障構想は、沖縄の状況を考えてみればわかるように、国民／人間の安全保障を犠牲にして実現されるという矛盾を内包している。日米安保一辺倒との政策選択をするなら、その結果として、沖縄への基地の押し付け（護るべき国民の犠牲の特定地域への集中）を肯定することになるからだ。

◆将来の国際環境を構想する

このような「常識」を覆す作業は、将来の国際環境を構想することになるだろう。その基本的な考え方は、無政府状態と言われる国際社会にも協力の契機は存在するとの国際社会観だ。

「何が何から何をどのように守るのか」との安全保障構想にあてはめるなら、「様々な主体が、多様な脅威から、我々の地域（社会、環境、人間）を、様々な手段によって、守る」と言えるだろう。それは、対話を重視し、信頼醸成（ソーシャル・キャピタルの育成）を促進し、国際的紛争を平和的に解決していく、紛争予防型の安全保障政策が実現されている環境を追求することだ。

日米安保の重層的政治・経済ネットワークの一要素への溶解が、在沖米軍基地の整理縮小を帰結し、軍事基地のない沖縄を実現するという長期的な構想である。確かに長期的ではあるが、国家安全保障が人間の安全保障を犠牲にして成り立つあり方（押しつけられた常識）を変えるには、こうした構想が必要だろう。

❁「基地のない沖縄」の国際環境をどう構想するか

◆東アジア共同体

一世紀前、中江兆民は「三酔人経綸問答」の中で、日本の将来ビジョンを三人の登場人物に語らせた。豪傑君は日本を列強の侵略から防ぐために軍事増強の選択を主張し、洋学紳士君は経済・文化交流を推進して軍事を避ける道を提案し、そして南海先生は、一〇〇年後には洋行帰りの紳士君の理想、即ち後述するような「協調的安全保障」が成り立つと予言した。

一〇〇年後の現在、東アジア共同体についての議論として、経済的な側面からの議論（谷口誠、森嶋通夫、小原雅博）や政治・安全保障の側面からの議論（東アジア共同体評議会、進藤栄一、和田春樹、姜尚中）など様々な提案がなされている。谷口誠は、アジア通貨基金の再構築、アジア債券市場の育成、アジア投資銀行の設立、アジア共通通貨バスケット制度の設立などに言及し、アメリカ発世界金融危機の現在において、「東アジア共同体にこそ可能性がある」と述べている（谷口誠「東アジア共同体にこそ可能性がある」『世界経済危機と東アジア』）。

アミタフ・アチャリヤは「想像の東アジア共同体」と言う言葉を、皮肉ではなく、前向きな言葉として使っている（アミタフ・アチャリヤ「ＡＳＥＡＮと安全保障共同体」『東アジア共同体の構築　１　新たな地域形成』）が、それにしても「共同体」というのはいかにも固い。欧州共同体を想起すると、東アジアの状況との乖離ばかりが目立ってしまう。そこで、ここでは、歴史的比喩としてロカルノ条約を参照してみよう。

◆歴史的比喩としてのロカルノ条約

ロカルノ条約は、一九二五年、英、仏など七カ国がスイスのロカルノで締結した諸条約の総称である。その内容は、①国境領域の現状維持、非武装化遵守、国境の不可侵を個別的、集団的に保障、②国際紛争の平和的解決（紛争を仲裁裁判所ないしは国際司法裁判所へ付託すること、それでも解決しない場合は国際連盟理事会が仲裁を行うこと）などであるが、これは七つの文書からなる重層的な安全保障システムの構想であると言うこともできる。

もちろん、チェコスロヴァキアやポーランドに不安が残ったり、ソ連が強硬に反対するなど、問題がなかったわけではない。また、E・H・カーはこれを「特定の時期と地方における権力政治の一つの現われである」と冷静に見ていた。

実際、一九二九年に発生した世界恐慌は、列強の相克を激化させ（保護主義）、この第一次大戦後の戦後秩序を揺るがした。海外市場の狭いドイツは、経済回復の手段を領土拡大・植民地再分割に求め、この地域的集団安全保障体制は終焉を迎えた。

ここから得られる教訓は、地域的課題を包括的に対象とすることの必要、保護主義の台頭を抑制する努力の必要、そして国際相互依存関係を強化し共通利害を設定する努力の必要とまとめることができるだろう。

◆協調的安全保障

ロカルノ条約の比喩は、南海先生の言う未来図のようでもあるし、冷戦後、今回の世界金融危機以前にすでに議論されていた協調的安全保障の原型のようにも見える。

次ページの表は、脅威の性格（特定—不特定）×脅威の所在（外部—内部）×安全保障の手段（軍事的—総合的）＝八つの国際安全保障システムの類型を表現している。

脅威の性格（特定—不特定）について、特定の相手は冷戦期の話で、冷戦後は、脅威の性格が分散化され、潜在的なものとなった。戦争だけでなく、反乱、内乱、テロ、組織犯罪、さらには地震、

			脅威の性格	
		安全保障の手段	特定の相手	不特定の相手
脅威の所在	外部	軍事的手段	抑止・対抗型（同盟）	域外脅威対処型の同盟
		総合的手段	COCOM型（対共産圏輸出統制委員会）	MTCR型（ミサイル技術管理レジーム）
	内部	軍事的手段	危機管理	集団安全保障
		総合的手段	共通の安全保障	協調的安全保障

表：国際安全保障システムの類型—協調的安全保障
（山本吉宣「協調的安全保障の可能性」『国際問題』1995年８月）

温暖化、感染症、貧困なども脅威たり得る。一九九五年の阪神・淡路大震災と、オウム真理教による地下鉄サリン事件は、日本においても脅威の性格が変化したことを告げていた。

脅威の所在（外部—内部）は、脅威が「我々」の外部にあるのか、内部にあるのか、を区別する項目だが、たとえば、北朝鮮をめぐる六カ国協議のように、脅威を「我々」の内部に取り込む、という動きも意味している。

安全保障の手段（軍事的—総合的）について、「総合的」とは、政治・外交・経済などの分野を考え、基本的に軍事力の使用は考えないことを意味する。

特定の相手を脅威とする「抑止・対抗型（同盟）」は冷戦期に特徴的な安全保障システムの型だ。冷戦後、脅威が分散化され、潜在的なものとなるなかで、軍事力に依拠して外部の敵に対峙しようとするのが「域外脅威対処型」である。

ＮＡＴＯは旧ユーゴ紛争の際、国連と協力しつつ軍事活動を行なったし、日米同盟は、その再定義の過程で地理的範囲を域外に拡大させていった。

これに対し、不特定の、分散した脅威を内部化しつつ、それが顕在的な脅威や武力衝突にならないよう予防するのを旨とし、紛争の平和的解決を図り、武力衝突が起きた場合にはその被害を最小限にとどめることを図る枠組み、それが「協調的安全保障」である。信頼醸成、透明性の拡大、拡散防止などの装置を利用する構想だ。

私たちはここで、ルール化・制度化のレベルが低い、柔らかい協調的安全保障システムを、「重層的政治・経済ネットワークによる信頼醸成型・紛争予防型の協調的安全保障」と呼ぶことにしたい。「想像の東アジア共同体」をもその一要素として含むような安全保障構想と言っても良い。

「何が何から何をどのように守るのか」とのフォーマットを使って、国家、国際組織、地方自治体、ＮＧＯ・市民運動などの様々なネットワークによって（何が）、戦争、貧困、乱開発、災害、麻薬、感染症などの内部にある不特定な・潜在的な脅威から（何から）、地域、国家、社会、環境、個人などグループ全体の安全を（何を）、軍事、外交、政治、経済、技術など目的ごとの多角的で重層的なレジームによって（どのように）守る、とまとめることができよう。

❁現在の国際環境をどう考えるか

◆「冷戦後」の終わり＝新しい世界秩序の模索

協調的安全保障システムが機能しているような国際環境の構想について、「理想主義的だが実現可能性に疑問が残る」というコメントが聞こえてきそうだ。だが、世界金融危機後の国際環境を分析してみると、実はそうでもないと言えそうなのだ。

まず、現在の国際環境をどう考えるか。私は「冷戦後」の終わりが始まったのだと考える。おさらいをしてみよう。冷戦の時代の国際環境は双極システムであった。東アジアにおいては熱い戦争（朝鮮半島、インドシナ半島）が戦われ、日米、米韓、米比など二国間の個別的安全保障条約を軸とした安全保障の枠組みが支配的なモードであった。

冷戦後の国際環境は多極システムに移行するかとも考えられていたが、実際にはアメリカの一極支配、アメリカのひとり勝ち（資本主義と自由民主主義の勝利）であった。仮想敵がいなくなったにもかかわらず、日米は同盟の枠組みを維持し、再定義した。米国は太平洋の西側に安上がりの前方展開基地を維持し、日本は軍事的貢献の範囲と内容を拡大し続けた。

しかし、アメリカにおけるサブ・プライム・ローン問題に端を発する世界金融危機は「冷戦後」の終わりを告げた。

アメリカのひとり勝ち状態はおしまいになり、アメリカの相対的衰退が誰の目にも明らかになった。多額の軍事費支出を続けることはできないし、イラクや海外に多くの部隊を維持することはできなくなった。にもかかわらず、伝統的な安全保障観から国際環境を見続けるなら、同盟国により多くの役割分担、負担分担を要求する以外に方法はない。日本に対する要求の増大（ミサイル防衛、思いやり予算、グアム移転などの資金負担、アフガニスタン派兵などの人的貢献）の傾向はすでに表れている。日本は「冷戦後」の終わりを迎えて、従来の安全保障政策を再検討する必要に迫られている。

◆ヒントとしての「無極秩序」論

「冷戦後」の終わりの新しい世界秩序の模索には、バーグステンの「米中Ｇ２」、クプチャンの「大国間協調」、オルブライト・ポデスタらの「米国中心の多極体制」などの興味深い論述があるが、本論のこれまでの議論からするなら、ハースの「無極秩序」論が注目に値する。以下、簡単に紹介しておこう。

リチャード・ハースは、二一世紀の新しい国際秩序を「無極秩序」と呼んでいる。無極秩序とは、「一～二カ国はおろか、三～四カ国でもなく、実に数十のアクター（国際政治のプレーヤー）がさまざまなパワーを持ち、それを行使することで規定される秩序」のことだ。それが古典的な意味での多極秩序ではないのは、そこには多極秩序では考えられないほどの多くのパワーセンターが存在し、しかも、このセンターを担っている主体が国家ではない場合も多いからだ。

ハースは、現在の国際システムの特徴を「国がパワーを独占する時代が終わり、特定の領域における優位を失いつつあること」と指摘する。国家は、上からはグローバルレベル、地域レベルの国際機関・機構のルールによって縛られ、下からは国際武装集団の挑戦を受け、さらには、グローバル企業や国際NGOの活動によって脇を脅かされている。

ハースは、無極秩序をもたらした三つの要因をこう分析している。

一つは、アメリカの政策の失敗（エネルギー政策、経済政策、イラク戦争など）によるアメリカの相対的衰退。無極化した世界において、アメリカが今後も長期にわたって世界最大のパワーを持ち続けることに変わりはないだろうが、経済分野に限らず、軍事効率や外交、文化・情報面においても、アメリカの相対的な地位の低下は明らかになってきている。

第二は、中国、ロシア、インド、ブラジルなど新しいパワーの台頭。アメリカ発の世界金融危機に対処するため、二〇〇八年一一月にワシントンDCで開かれたG20サミットは、その意味で象徴的だ。グローバル企業や国際組織についても同様のことが言える。

第三は、グローバル化の必然的な帰結である。グローバル化は、国境を越えた様々な流れを生み出し、一方で国家の影響力を弱める方向に作用し、他方で非国家アクターのパワーを高める作用をしている。

したがって、無極化の流れは不可避的だが、それがもたらす無秩序については回避可能である。一言で言えば、是々非々の多国間主義、多国間協調型の外交を前提として、それぞれの問題に柔軟

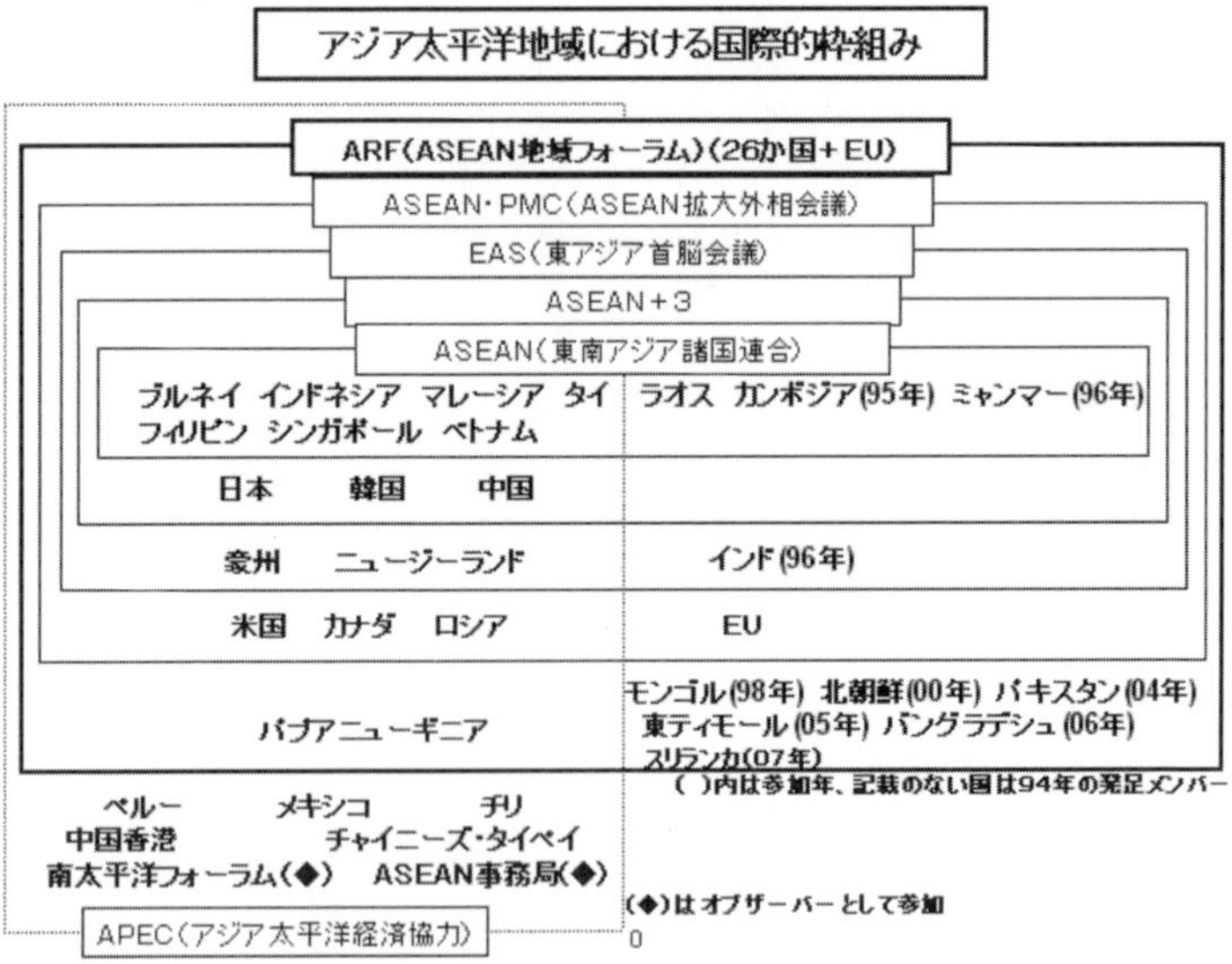

図:アジア太平洋地域の国際的枠組み(外務省ホームページから)

で適切な処置をとることによって、「協調的無秩序」を実現できると考えられる。「協調することで無極化現象を変えることはできないが、協調は状況を管理する助けになるし、無秩序の混乱のリスクを押さえ込むことができる」というのが、ハースの見立てだ。

◆東アジアにおける重層的ネットワークの現在

ハースは、無極秩序の下では同盟関係を成立させる諸条件が満たされにくいため、同盟関係はその重要性を失っていくと述べている。本稿の最後に、東アジアにおける重層的ネットワークの現在を確認し、「冷戦後」の終わりの新しい世界秩序の土台となるものを押さえておこう。

右の図は、世界金融危機後の東アジア国際システムを描いたものではないが、「共同体」とまではいかなくとも、東アジアにおいて「重層的ネットワーク」がすでに準備されていることを示している。

経済的な側面では、APEC（一九八九年）の誕生、一九九七年アジア金融危機以降、ASEAN＋3など地域協力の必要性が認識されたこと、そして多くの自由貿易協定（FTA）の存在が注目される。

政治・安全保障の側面では、ASEAN地域フォーラム（一九九四年）の誕生、東アジア首脳会議（二〇〇五年〜）の開催の他、朝鮮半島六カ国協議、上海協力機構（二〇〇一年〜）、東南アジア友好協力条約（TAC）などにも言及しておくべきだろう。

社会・文化の側面については、次ページ以下の二つの図を参照してもらいたい。

一つ目は、国際通話地図。二つ目は、共著論文数のネットワーク解析結果だ。冷戦終了後の一〇年間で東アジアの交流ネットワークが一段と密になったことが確認できる。世界金融危機後の国際システムは、こうした重層的ネットワークの現在の上に展開していくと考えられる。

❁「基地のない沖縄」を準備する意志

「冷戦後」の終わりという国際環境が「基地のない沖縄」に有利に働いていくことは確かだ。無極秩序の国際システムは、「重層的政治・経済ネットワークによる信頼醸成型・紛争予防型の協調

国際通話地図 1990-2003

(1990)

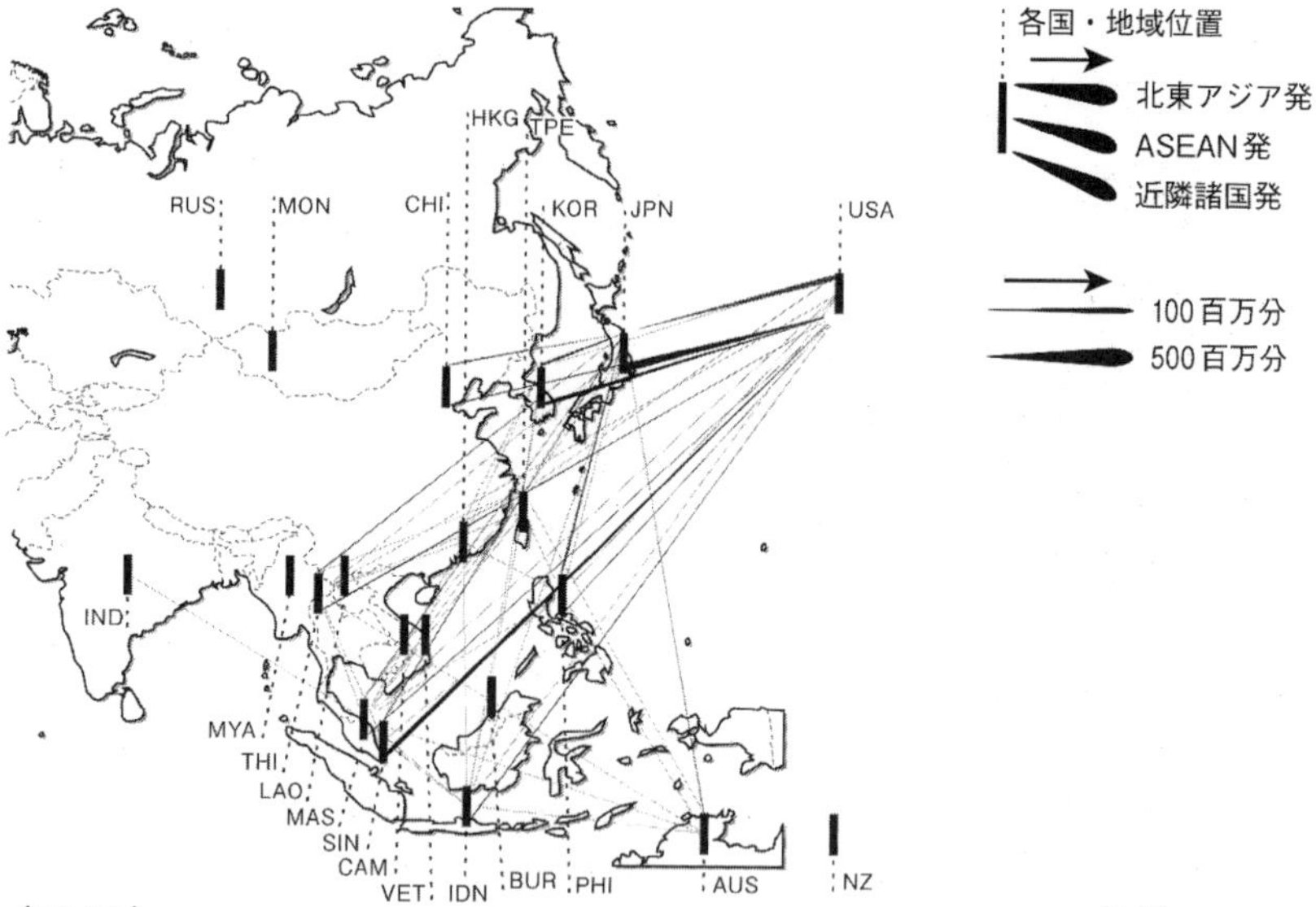

(2003)

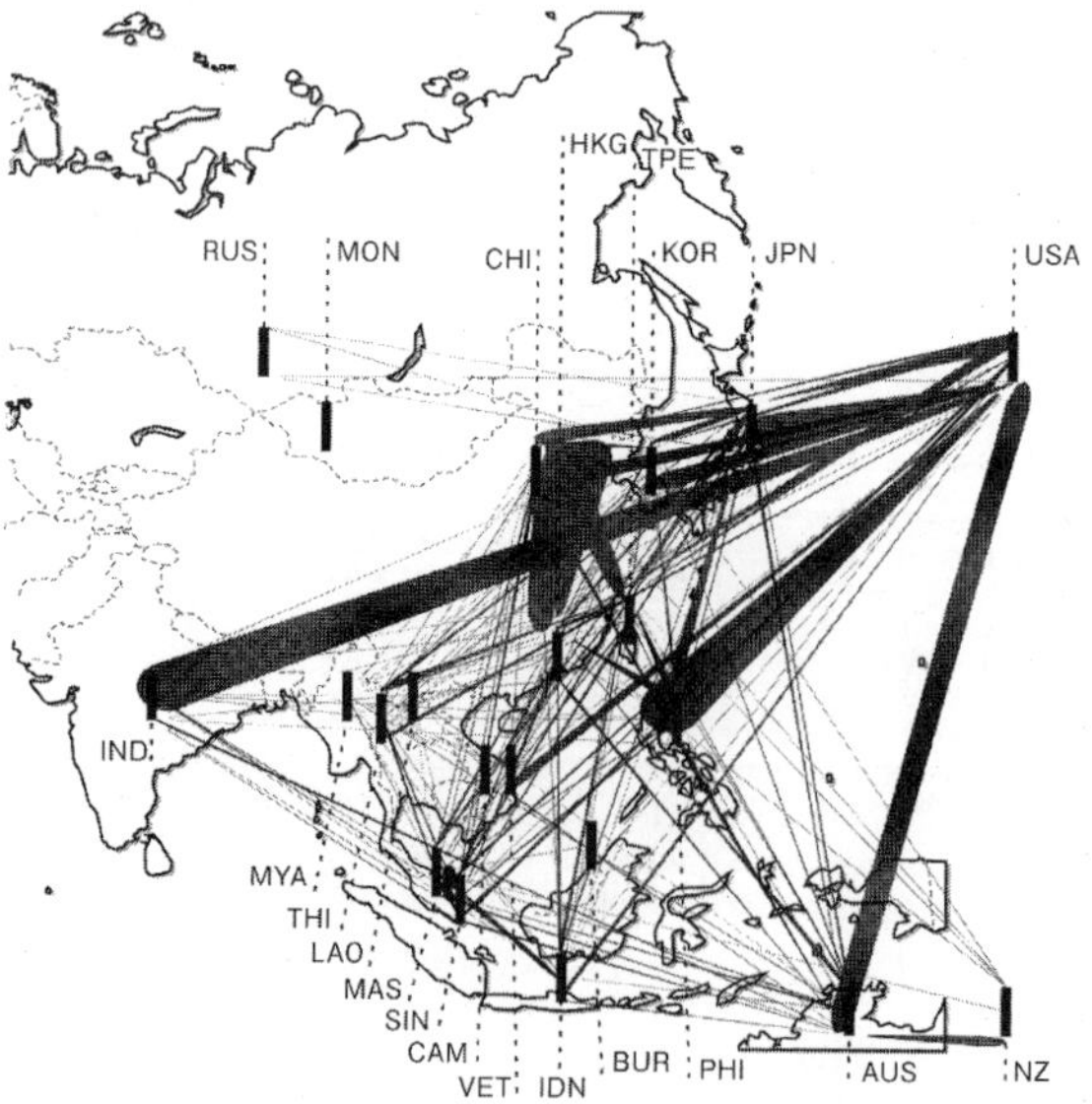

※毛里和子・森川裕二編『東アジア共同体の構築4　図説：ネットワーク解析』岩波書店より（次ページも）

東アジア共著論文

(1990-94)

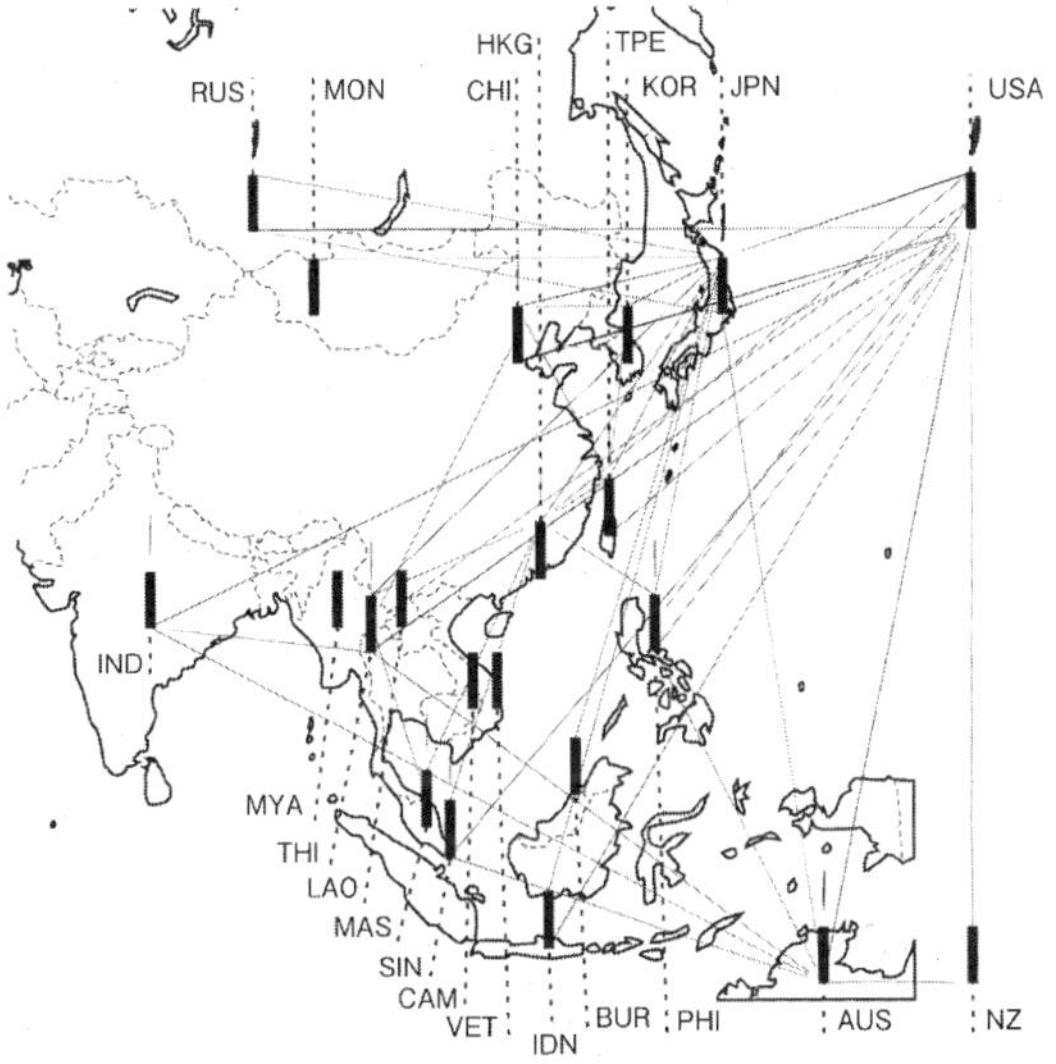

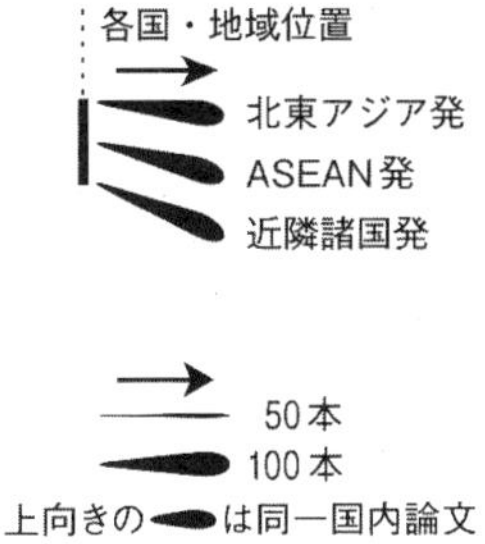

(2000-2004)

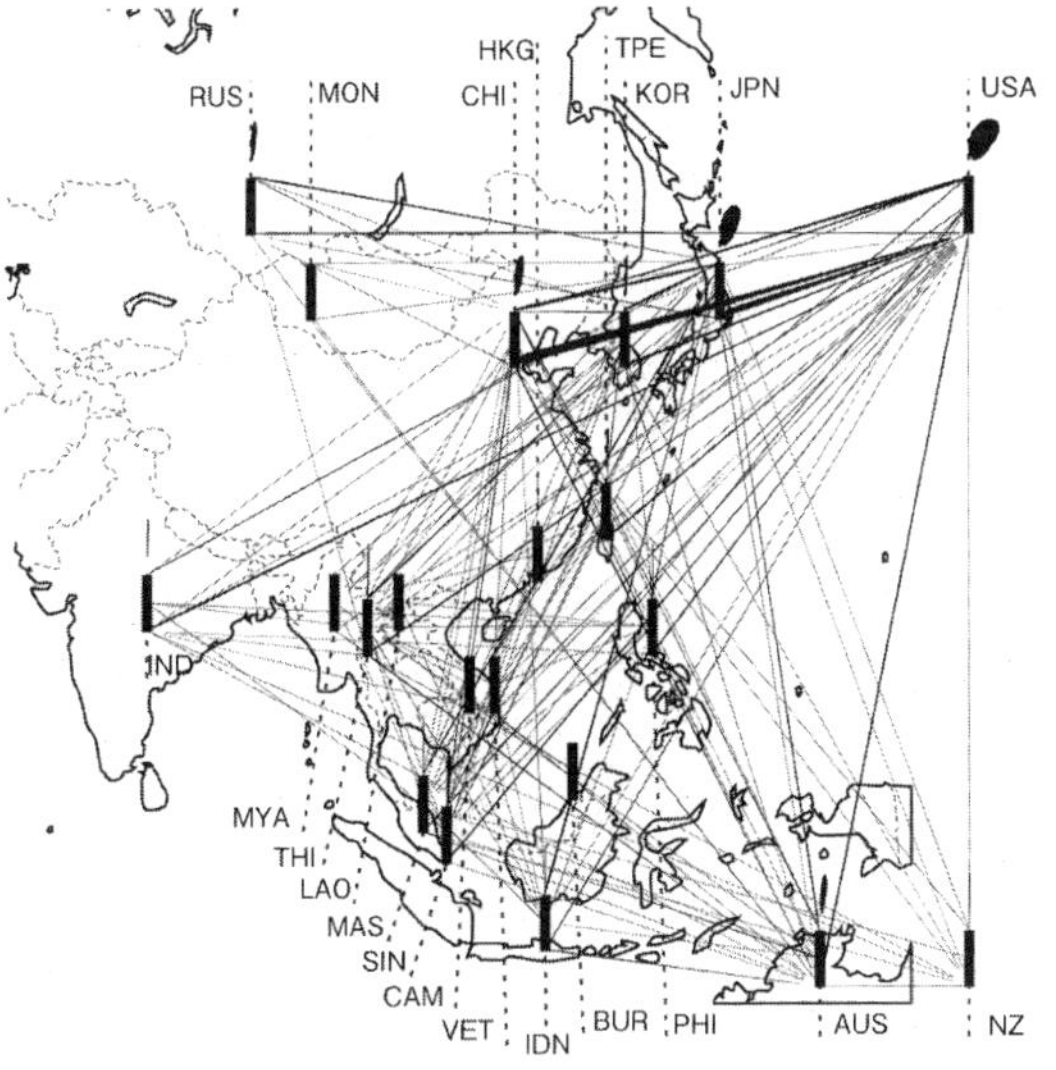

的安全保障」レジームの構築に適合的である。そうしたレジームの下で、日米安保体制は溶解し、在沖米軍基地の存在理由が消滅していく。在沖米軍基地の整理縮小、ひいては「軍事基地のない沖縄」への道がその先に延びている。とは言え、これはあくまでも「基地のない沖縄」の国際環境の構想、中長期的な可能性の問題である。

その可能性が、いつ、どのように実現されていくのか。こうした問いに答えるためには、私たちの側の発想の転換だけでは十分ではない。日本政府は伝統的な現実主義の安全保障観から解放され、「冷戦後」の終わりの国際環境に適応することができるのか。それだけではなく、沖縄への基地の押しつけによる安全保障政策と手を切ることができるのか。そして、補償型政治は沖縄で有効であり続けるのか。逆に言えば、発想を転換した沖縄の側の「基地のない沖縄」を準備する意志が補償政治に勝るのか。

こうした問いに答えることが本論の範囲を超えていることは明らかだろう。その答えを探るヒントを提供する仕事は、本書の他の論考に譲ることとしたい。

第 Ⅲ 部

沖縄振興開発の効果を疑う

古い墓地。道向こうは米軍・キャンプ・キンザーの高層住宅。2009年2月、浦添市港川

沖縄経済の特異性はどうしてつくられたか

元沖縄総合事務局調整官　宮田　裕

❁米軍統治下の財政援助

一九四五年四月一日、米軍は沖縄本島に上陸した。その直後の四月五日には、米国海軍元帥C・W・ニミッツの名において「ニミッツ布告」を発布し、「米国海軍軍政府」を樹立した。翌四六年一月二九日、「沖縄を日本から分離する覚書」により、沖縄は本土から分離され、米軍統治が始まった。戦後の一九五〇年一二月五日、米国海軍軍政府は「琉球列島米国民政府（USCAR《ユースカー》）」に改称され、高等弁務官制度のもとで独裁権を行使するようになった。

琉球列島米国民政府は一九五一年五月一日、「琉球列島経済計画（一九五一～五五年度）」を策定した。経済政策の目標は、「ガリオア資金を活用して戦前の生活水準に匹敵する水準の確立を図ること、またこの生活水準での自給確保の水準を達成すること、経済の金融機構を安定化すること」

と述べている。経済計画期間中にガリオア資金（占領地域統治救済資金）二二六億三〇〇〇万円の救済資金を沖縄に援助した。ガリオア資金は、沖縄復興として電力施設、水道施設、道路、港湾等の復興資金のほか、食料品、肥料、油脂類、薬品、建設資材、教育材料等に使われた。さらに産業復興を目的に船舶、漁船も提供されるようになった。

さらに米軍は極東のキーストーンとして沖縄に基地を建設し、道路、空港、港湾、ダム開発等の社会資本の整備、電力供給、食糧援助等のインフラ整備、民生安定事業等に取り組むようになった。

一方、日本政府は敗戦から一七年間、沖縄の経済復興に関心を示すこともなく財政援助をしてこなかった。これが原因で沖縄には本土との社会資本・生活基盤の格差、所得格差が生じた。日本政府は米国の要求を受け、一九六二年九月一三日「日本政府の琉球政府に対する援助について」閣議了解し、翌六三年度に初めて沖縄への財政援助を開始した。このことが沖縄の戦後復興が遅れた大きな原因である。

なぜ日本政府は、沖縄に財政援助を行ったのか？　その根拠は一九六二年三月一九日に発表された「ケネディ新沖縄政策」にある。新沖縄政策は、沖縄が日本の一部であることを認め、①沖縄住民の福祉向上及び沖縄の経済発展を増進する、②太平洋のキーストーンとして沖縄の米軍基地を重視する、③日米協力体制の強化で沖縄基地を安定的に保有する――が主な内容である。こうした沖縄統治をすすめる上で米国はその経済負担の一部を日本政府に求めた。

これを受け、日本政府は財政援助を決定したが、援助の内容は、①琉球政府（市町村を含む）の諸施策、事業等の水準を本土並みに引き上げ、住民の所得の向上に努める、②沖縄に日米琉諮問委員会を設置し、援助については沖縄住民の意思を反映して実施することなどであった。

日本政府が沖縄援助を開始した一九六三年度の日米両政府の援助額は七一億四八三一万円であった。そのうち日本政府は一〇億一二八三万円（一四%）、米国政府は六一億三五四三万円（八六%）で米国の援助額が約九割近くを占めていた。琉球政府は、米国政府の援助金で戦後の沖縄復興を図ってきたのである。

日本政府が沖縄への財政援助を開始した六三年の一人当たりの県民所得は三〇一ドル、当時の為替レートで一〇万八〇〇〇円、日本の一人当たり平均所得二一万五〇〇〇円のわずか二分の一の水準であった。

米軍統治下の二七年間，琉球政府に対する援助金は、日本政府一二三二億円（四三%）、米国政府一六四九億円（五七%）であるが、日本政府援助金の八割は沖縄返還が確定した六九年度以降の復帰対策に集中している。

❁復帰対策と「償いの心」

一九七一年六月一七日、日米間で沖縄返還協定が調印された。政府は七二年の沖縄返還に向けて、沖縄復帰関係法案を立案し、七一年一〇月一六日に召集された第67回臨時国会（沖縄国会）に提出した。沖縄復帰関連法は、①沖縄振興のための「沖縄振興開発特別措置法」「沖縄開発庁設置法」

「沖縄振興開発金融公庫法」の開発三法、②本土制度への移行を定めた「沖縄の復帰に伴う特別措置に関する法律」からなる。

沖縄復帰関連法の立法趣旨は、沖縄に対する「贖罪《しょくざい》意識」すなわち「償いの心」が原点になっている。七一年一〇月に召集された沖縄国会で、山中貞則総理府総務長官は沖縄関連法案の立法趣旨説明に当たり、戦後沖縄の歴史認識に触れ、沖縄県民に謝罪した。その内容は、沖縄は先の大戦で最大の激戦地となり、全島が焦土と化し、沖縄県民十余万人の尊い犠牲者を出したが、戦後二七年間米国の支配下に置かれた。日本国民と政府は、多年にわたる忍耐と苦難の歴史の中で生き抜いてこられた沖縄県民の心情に深く思いをいたし、「償いの心」を持って復帰関連法律を策定する、と述べた。

復帰直前の七一年暮れ、山中総理府総務長官は沖縄で「米軍統治下に終止符を打つ」と明言した。長い間、苦難の歴史を歩んできた沖縄県民に対する謝罪の気持ちを述べ、政府の責任で復帰対策を進めていると説明した。

沖縄で復帰準備に取り組んでいる日本政府沖縄事務所職員に対する訓示では「戦後四分の一世紀余の長きにわたり我が国の施政権の外に置かれてきた沖縄を迎えるにあたって、忍耐と苦難の歴史の中で生きてこられた沖縄県民の方々の心情を深く思い、県民への償いの心をもって祖国復帰という歴史的な大事業の達成に全力投入せよ。そして諸君は今、非常に苦しい試練の時期であるが、沖縄復帰という輝かしい未来に向かって復帰対策には万全を期して対処してほしい」と激励した。

沖縄は戦後二七年間、米軍支配下に置かれ、暗くて不幸な歴史がある。山中総務長官訓示はこのような歴史認識のもとに復帰対策の基本として沖縄県民に「償いの心」を強調したものだった。

一九七一年の沖縄国会で「新生・沖縄県」の誕生と建設を図るために、「沖縄振興開発特別措置法」「沖縄開発庁設置法」「沖縄振興開発金融公庫法」の開発三法と「沖縄の復帰に伴う特別措置に関する法律」の復帰関連法が制定された。

❁沖縄振興の四点セット

沖縄振興の特徴は、①政府が沖縄振興法を制定する、②内閣総理大臣府が沖縄振興開発計画を策定する、③沖縄にわが国最高の高率補助を適用する、④沖縄振興開発予算は内閣府が一括計上する——の四点セットからなる。このような仕組みは、沖縄に与えられた特別措置である。

なぜ、沖縄にこのような制度を適用しているのか。それは沖縄の振興開発は「償いの心」が原点になっているからである。地域の振興計画は、県や市町村が担当すべきであるが、沖縄の振興開発は政府の責任で行われている。その理由は、沖縄の特殊事情にある。

沖縄の特殊事情とは、①沖縄は第二次大戦最大の激戦地で全土が焦土と化し、沖縄県民は沖縄戦を生き抜き廃墟の中から過酷な歴史を歩んできたこと、②戦後二七年間、米軍の施政権下に置かれたこと、③沖縄県には過度な米軍基地が集中していること——等から政府は「贖罪意識」すなわち「償いの心」で沖縄振興に責任を持つことを「沖縄振興開発特別措置法」の立法趣旨で明確にしているからである。

政府は、本土との格差を早急に是正し、沖縄の地理的、自然的条件を生かした自立的発展の基礎づくりを行い、希望の持てる沖縄の将来展望を県民に明らかにするため、復帰後四次にわたる「沖縄振興（開発）計画」を策定し、沖縄振興に取り組んでいる。

沖縄振興（開発）特別措置法は、本土において適用されている個別立法のすべての優遇措置を沖縄に適用しており、沖縄振興開発事業については内閣府が予算を一括計上し、全国一高い高率補助を適用しているのは、政府の責任で沖縄振興を推進することを明確にしているからである。

❁振興予算は「ODA沖縄版」

復帰後、政府は「沖縄振興開発特別措置法」「一次～三次沖縄振興開発計画」（一九七二年度～二〇〇一年度）および「沖縄振興特別措置法」「沖縄振興計画」（二〇〇二年度～一一年度）に基づき、二〇〇九年度までに八兆七八八五億円の振興開発事業費を計上した。その結果、道路、空港、港湾、ダム開発など社会資本の整備は急速に進み、沖縄の経済社会は着実に発展してきた。

しかし、政府の沖縄政策の目玉として実施されている「本土との格差是正」及び「自立的発展の基礎条件整備」のために投下された振興開発事業費は、経済自立には結びついていない。沖縄振興予算の実施機関である内閣府沖縄総合事務局が発注する公共事業費の五〇％は県外業者が受注し、沖縄の予算が本土に還流するという〝ザル経済〟を構築しているからである。本土ゼネコン業者は政府の沖縄振興開発事業（公共事業）を受注しているが、県、市町村の税収には貢献していない。

二〇〇七年度沖縄県財政の決算によれば、歳入総額に占める地方税収入の割合は一九・九％で、全国都道府県平均の三三・三％に比べて極端に低い。その原因は、沖縄への財政投資が県外に還流し、資金循環効果に乏しく民間経済を誘発していない仕組みになっているからである。

復帰後、政府の責任で沖縄の振興開発を実施しているが、財政資金は、途上国援助として投入されるＯＤＡ資金と同様にその大半が日本企業の受注で日本に還流する「ＯＤＡ援助」と形が類似しており、「ＯＤＡ沖縄版」となっている。

❁「ザル経済」で産業は停滞

復帰後、八兆八〇〇〇億円の内閣府計上の沖縄振興事業費が投下されたが、経済活動を見ると県内総生産に占める第二次産業の構成比は、復帰時の二七・九％から〇六年度は一一・八％に低下している。中でも「ものづくり」の製造業は一〇・九％から四・一％に低下し、民間経済を誘発していない。製造業の割合は全国の二一・三％に比べても、その差位は極めて大きい。政府による財政投資は、県外に漏れており、「ザル経済」が経済自立を阻害する原因となっている。

第一次産業への財政投資は農業振興、農業農村整備一兆一〇九九億円、森林水産基盤三五三三億円、計一兆四六三二億円の財政が投下され、農林水産業の基盤整備は大幅に進展したが、県内総生産に占める第一次産業の構成比は、復帰時の七・三％から一・九％に大幅に低下している。

完全失業率は復帰時の三・〇％から〇八年は七・四％（全国平均四・〇％）に二倍以上に拡大し、深刻な雇用・失業情勢が続いている。失業者全体の四八％は三四歳未満の若年者が占めており、一五歳〜一九歳の失業率は一八・二％、二〇歳〜二四歳の失業率は一二・二％で若年者の雇用対策が喫緊の課題となっている。振興開発事業費は県内の資金循環が乏しく産業連関から見ると生産誘発、雇用誘発効果はもたらしていない。県民所得は全国最下位で全国平均の七割の水準で低迷している。

軍用地料収入に依存している市町村の失業率は嘉手納《かでな》町一七・五％、名護市一二・五％、読谷《よみたん》村一二・四％、金武《きん》町一二・一％と異常に高く、不労所得（基地収入）が勤労意欲をそぎ落としているると思われる（二〇〇五年国勢調査）。

❁硬直化する沖縄県財政

先にも述べたように、沖縄振興策で復帰後の三七年間に八兆八〇〇〇億円の振興開発事業費が投下されたが、沖縄県の予算に占める税収の割合は、復帰後変わっていない。

二〇〇七年度の歳入構成をみると、自主財源は全体の三〇・八％で、全国都道府県平均（五〇％）に比べ財源を大きく国に依存している。歳入総額に占める県税収入の割合は一九・九％で全国平均の三三・三％に比べると六割弱である。依存財源（六九・二％）のうち、地方交付税三四・四％（全国一二・二％）の割合が大きい。沖縄の振興開発予算（全国二三・三％）、国庫支出金二五・〇％は、ピーク時の九八年度四四三〇億円から〇九年度は二一六六億円と半分以下に減っている。

沖縄県の経常収支比率は九四・九％で危険ゾーンにある。経常収支比率とは財政構造の弾力性を測定する指標で、人件費、扶助費、公債費等の義務的経常経費に、地方税、地方交付税、地方譲与税を中心とした経常一般財源がどの程度充当されたかを見る指標で、この指標が低いほど普通建設事業費等の臨時的経費に充当できる一般財源に余裕があり、財政構造が弾力的に富んでいることを示す。一般的には、七五％程度が安全ゾーン、七六〜八五％が要注意ゾーン、八六％以上は危険ゾーンである。

一方、沖縄県の財政力指数は、〇・二九％で財政構造の硬直性と脆弱性を示している。この指数は基準財政収入額を基準財政需要額で除して得た数値の当該年度を含む過去三カ年の平均値をいうが、「1」に近くあるいは「1」を超えるほど財源に余裕があるものとされ、「1」を超えると普通交付税の不交付団体となる。

また県債残高（借金）は復帰時（一九七二年度）の二一億円から二〇〇七年度は六五八二億円に拡大し、沖縄県の財政は硬直化している。

❁基地とリンクした振興策

基地所在市町村の財政は、基地交付金、基地所在市町村活性化事業（島田懇談会事業）、北部振興事業で「箱モノづくり」がなされてきたが、維持・管理等のランニングコストで市町村財政は硬直化し、地域は閉塞感から抜け切れていない。

基地所在市町村には、年間約二八〇億円の防衛施設生活環境資金（民生安定施設補助）、特定防衛施設交付金、国有提供施設交付金、基地施設所在市町村調整交付金等が交付される。その他、基地受け入れの対価として基地所在市町村活性化事業（島田懇談会事業）一〇〇〇億円、北部振興事業一〇〇〇億円が担保された。

島田懇談会事業は、基地所在市町村の閉塞感を緩和し、経済を活性化することで若い世代に夢を与える事業として一九九七年度にスタートしたが、地域は潤っていない。〇八年度までに八三七億円が事業採択されたが、「箱モノ」がつくられ、雇用機会の創出、経済の自立、人づくりを目指す事業目的は達成されず、将来の展望は描かれていない。

北部振興事業は、「普天間飛行場の移設に係る政府方針」として二〇〇〇年度に特別予算一〇〇億円が計上され、新たな基地建設の代償措置としておおむね一〇年間で一〇〇〇億円が担保された。二〇〇〇年度から二〇〇七年度までの北部振興予算の実績は、公共事業四四二億円、非公共事業二五二億円、計六九四億円が事業採択された。北部振興事業は基地とリンクしているため、基地受け入れの条件が付いている。

たとえば〇七年度予算は、V字型の代替海上基地建設を認めない沖縄側に防衛省が反発し、一〇カ月も予算が凍結され、新規・継続事業がストップし、年が明けた〇八年一月二二日、会計年度がわずか二カ月の期間で予算凍結の解除を行ったが、基地とリンクしている地域振興の在り方が問われている。

基地交付金、基地とリンクした予算で地方自治を行うことは、地域の主体性を失うことになり魅力ある地域づくりはできない。

基地所在市町村には深刻な財政問題も発生している。基地依存度の高い自治体は嘉手納《かでな》町四〇％、次いで宜野座《ぎのざ》村三五％、金武《きん》町は三五％である。これらの市町村は、基地収入が税収の二倍を超えており、基地収入がないと予算が組めない構造的な問題を抱えている。

普天間飛行場移設関連経費としては、北部市町村には基地周辺対策費、基地交付金、北部振興事業費、ＳＡＣＯ関連経費等三八〇〇億円の財政移転がなされた。移設受け入れ先の名護市は法人事業税収入の減少、起債残高の増加、失業率の増加等がみられる。

❁制度設計の不備

現在の振興事業費は、公共事業中心の振興策となっている。道路、港湾等の社会インフラは本土並みに達しつつあり改善がみられるが、振興事業費が教育、福祉、医療など県民生活と密接な分野に使えるような制度設計にはなっていない。

沖縄振興の切り札として金融特区、ＩＴ特区等の経済特区が制度化されたが、経済活性化のトリガー（引き金）としての優遇税制はほとんど活用されていない。金融特区は、北部振興策の一環として普天間飛行場の辺野古沖受け入れ条件として制度化されたが、事業認定を受けて立地した企業は一社にすぎず機能していない。金融特区のメリットは、法人税から三五％の所得控除を行うことで銀行業、証券業、保険業を集積するとしているが企業誘致のインセンティブにはなっていない。

沖縄の金融特区は欧州のダブリン（アイルランド共和国）をモデルとしている。ダブリンは①政府の積極的な介入、②法人税率一〇％適用、③産業開発庁による積極的なマーケティング活動、④内閣府と業界団体による効率的な運営仕組みづくり、⑤アイルランド中央銀行による迅速な金融機関の許認可等政府主導で取り組んでいる。ファンド会計に習熟した会計士、金融、保険専門家育成の大規模プログラム導入による教育水準の高さ、若い労働力の供給等で外国企業が進出している。高度情報通信ネットワークも整備され、便数の多い国際空港があり成功している。

沖縄の金融特区は制度設計がお粗末すぎる。その他のＩＴ特区、観光特区についても優遇税制の活用実績に乏しく、産業振興の牽引力とはなっていない。企業の立地促進と貿易の振興を図る目的で設置された特別自由貿易地域、那覇自由貿易地域制度については、関税法の枠内で運用されており、アジア諸国と競争していく制度ではない。

三〇年間の復帰プログラムが終わり、新たな「沖縄振興法」策定に当たり、稲嶺知事は「魚より釣り具がほしい」として政府に「経済特区」を認めさせたが、沖縄に与えられた経済特区は「魚が釣れない釣り具」で沖縄振興の牽引力になり得ていない。

❁沖縄の優位性を生かせ

沖縄は経済問題を「政治」で語り、要請、陳情行政で問題解決を図ってきた。特別措置、高率補助等で国に依存してきた。自立経済を構築する沖縄振興策は生産・需用創出、新規ビジネスの開拓等、経済の成長戦略となり得ていない。

沖縄に活力をもたらすのは「ものづくり」、「文化」の産業化である。比較優位としては、未利用植物と有用微生物による発酵技術を組み合わせたサプリメント開発、海洋資源を利用した自然海塩、ニガリの新分野の産業化、月桃《げっとう》（ショウガ科の多年草）からの化粧品開発等が考えられる。また醸造副産物（泡盛、蒸留粕、ビール酵母等）の再利用、健康食品など資源活用型新技術開発は有望と思われる。

音楽・文化の産業化で沖縄が注目されている。沖縄発音楽・映像等の産業化、かりゆしウェアーのデザイン開発等は成長産業になり得る。

健康・長寿・癒しは沖縄の比較優位の分野である。沖縄の特性は長寿・癒しであり、いつでも誰でも体験できる亜熱帯ヘルシーリゾートに特化した健康の産業化は、他地域ではまねのできないユニークな分野である。健康長寿県として沖縄の伝統食品、薬草等の健康食品は成長性の高い産業であり、沖縄のポテンシャルはそれに十分こたえられる。

近年、アジアの食に貢献する沖縄が見直されてきた。中国産野菜の農薬使用で、アジア主要都市は食に対する不信・不安が高まっている。アジアの市場に新たに取り組み、沖縄からシンガポール、香港等アジア市場へ安全・安心な沖縄野菜・食材を供給することはアジアの食に貢献することになる。

観光・リゾート分野では、東アジアの富裕層をターゲットにすることで沖縄観光の魅力アップが図られる。〇七年度に沖縄を訪れた観光客は五八九万人であるが、そのうち外国人観光客のシェアはわずか三%（約一九万人）である。アジア市場は潜在需要が高い。〇九年春に沖縄本島の主要港湾である那覇港には一〇万トンクラスのクルーズ船バースが暫定供用される。台湾や中国沿岸部に近い地理的特性を生かし、アジアの富裕層をターゲットにした観光戦略で新たな観光需要の喚起が期待されている。

「基地依存」の実態と脱却の可能性

琉球新報社論説副委員長　前泊博盛

❁米軍占領と沖縄返還

沖縄における米軍の占領政策は、一九四五年の米軍の沖縄上陸と同時に開始され、沖縄本島および周辺離島の住民、土地、海域、空域を支配し、政治のみならず経済構造の大幅な変革を伴う形で実施されてきた。

政治的には日本政府からの分離、米軍による琉球諸島の直接統治が行われ、その期間は実質的な米軍の傀儡《かいらい》政府となる「琉球政府」による統治も含め二七年間に及んだ。

この間、沖縄では米軍の地域最高司令官が兼ねる「高等弁務官」が、沖縄統治の現地最高責任者となり、司法、立法、行政の三権を掌握し、絶大な権力を振るった。

二七年間の米軍の沖縄統治は、沖縄住民による強力な日本復帰運動により米軍が直接支配をあきらめ、日本政府による「間接支配」的な占領政策への転換となる一九七二年五月一五日の日本政府への沖縄の「施政権返還」、いわゆる沖縄の「本土復帰」によって終止符を打つ。

しかしながら、米軍統治時代に沖縄に構築された極東最大の米軍基地は、日本に施政権が返還されたあとも居座り続け、米軍による基地の自由使用権限は本土復帰によって「日米地位協定」が、沖縄に適用されることで継続・強化されることになった。

❁米軍占領期の沖縄

米軍は一九四五年四月の沖縄本島上陸以降、沖縄における長期占領政策の準備を進めた。米軍は沖縄本島中部の嘉手納飛行場をはじめキャンプ・ハンセン、シュワブ、コートニー、那覇軍港、普天間飛行場、北部訓練場など沖縄本島のほぼ全域を要塞化した。

同時に、見かけ上は住民代表による「琉球政府」という統治形態をとりながら実際には司法、立法、行政を米軍幹部が「布令」によって統括する高等弁務官制度を導入、日本国憲法が保障した「住民自治」「財産権」「生存権」「言論の自由」「基本的人権」の多くが侵害、あるいは否定された。

米軍は基地建設に必要な用地を調達・確保するために当該用地の沖縄住民を排除し、土地収用法による強制収用を強行した。いわゆる「銃剣とブルドーザー」による土地の強制収用によって沖縄住民は先祖代々受け継いできた土地、家屋、農地を次々に奪われ、強制的に他所に移住させられた。

沖縄の産業構造は、戦前は就業人口の八〇％近くを第一次産業が占める「農業県」であった。しかし、米軍占領に伴う広大な基地建設で農地や産業用地を失い、第一次産業の就業人口は激減し、沖縄が本土に返還される一九七〇年までに二〇％台まで減少している。

米軍占領期の沖縄は、産業構造の「第三次化」「サービス産業化」が加速され、一九四五年には一〇％台に過ぎなかった第三次産業の就業者比率は一九六〇年代には五〇％を突破し、本土復帰時にはすでに六〇％を超えている。

製造業を中心とする第二次産業の就業人口も戦前の一〇％台から一九四五年以降減少し、一〇％を切る水準まで減少した。一九六〇年以降は米軍基地建設の本格化などで建設業への就業移動が進み、本土復帰前後には二〇％台まで増加している。しかし第二次産業といえば、全国では「製造業」を指すが、沖縄県では「建設業」が過半数を占める「土木建設業の島」と化している。

沖縄の経済構造は、米軍占領により「農業県」から「第三次産業県」へと構造を大きく変化させられた。日本本土が石油・鉄鋼・造船・自動車など「重厚長大型」製造業や、その後の電機、家電、ハイテク商品など「軽小短薄型」製造業で世界から注目される高度経済成長を手中に収めるなか、沖縄は同じ第二次産業の中でも莫大な基地建設需要への対応から「建設業」が第二次産業の中心となり、復帰後は政府の振興策による「公共事業」が増え続ける「土木建設業」の維持・増加を支えてきた経緯がある。

戦後の沖縄における「米軍基地依存経済」の構築には、「金融・通貨政策」も大きな役割を果たしている。一九六〇年代に日本本土が謳歌した「高度経済成長」の波は、沖縄には及ばなかった。

その要因は、施政権の分断による産業政策の分断であり、通貨政策による日本本土との分断であった。

戦後の米軍占領下の一九五〇年代の沖縄には、本土の「円」とは異なる軍票に近い「B円」が通貨として投入されている。為替相場が固定相場制であった当時、日本本土の「円」が対一ドル三六〇円に対し、沖縄の通貨である「B円」は対一ドル一二〇円。日本円の三倍という「極端な円高政策」が実施された。

円高による製造業、特に輸出型産業への大きなダメージと産業政策の転換は、一九八五年のいわゆる「プラザ合意」で日本経済も経験済みである。欧米諸国が協調して実施された「円高」容認政策で、一ドル二八〇円前後だった日本円は一挙に一〇〇円を切り、ピーク時には八〇円台まで高騰した。追いつめられた日本の輸出型産業は、コスト削減を余儀なくされ、工場や生産拠点を安価な労働力と生産基盤を持つ発展途上国、中でも東南アジアを中心とするＡＳＥＡＮ諸国へとシフトさせた。

工場や生産拠点の海外流出は、国内の産業空洞化を招き、雇用の喪失による製造業からサービス業、第二次産業から第三次産業への労働移動を促進した。この「極端な円高政策」による産業空洞化、輸出型産業の振興阻害に淘汰など一連の「製造業弱体化効果」は、実は「プラザ合意」をさかのぼること四半世紀前に、沖縄における米軍の占領政策、通貨政策の中で沖縄は否応なく経験させられている。

基地に農地を奪われて第一次産業は衰退の一途をたどり、米軍基地建設のために必要な労働力を確保するために実施された基地労働者の高賃金政策で、戦前型の食品・軽工業産業従事者の基地労働へのシフトが進み、さらに日本円の三倍も高価なB円の投入で「輸出型産業」は競争力を失い、代わって「輸入型」産業が一気に成長を遂げることになった。

貿易や加工による外貨獲得の機会を喪失した沖縄で、唯一の外貨（ドル）獲得の機会は、米軍基地建設や基地周辺産業にしぼられていった。

❁基地経済と沖縄振興

復帰後だけでも一五兆円超の莫大な、各省庁が計上した政府予算と三六年の期間を経てなお政府主導の沖縄振興策、とりわけその目標となった「自立的経済発展」が達成できない理由を、かつて琉球大学の大城常夫氏は「安保維持政策としての沖縄振興策の当然の帰結」と指摘していた。

沖縄が「経済自立」を手中にすれば、さらなる経済発展に必要な場所を求め、米軍基地返還の動きを招きかねない。そうなれば在沖米軍基地に大きく依存する日米安保は根幹を揺るがしかねない。日米安保を将来にわたって安定的に維持・運営していくためには米軍基地の拠点としての沖縄の経済発展をいかに抑制し、米軍基地なしでは地域経済が成り立たないような体制をいかに保持するかが日米両政府にとって重要な課題となる、との見方である。

実際、基地所在市町村や沖縄県を中心に、財政に占める基地依存度は高まりつつある。背景には、新たな米軍基地建設の受け入れを前提とする「米軍再編交付金」、あるいは一〇年間で総額二千億円の基地所在市町村に対する「島田懇談会事業」「北部振興策」などが投入され、反基地運動の抑制や反基地勢力の台頭を抑える効果を発揮している。

沖縄経済を深く支配する「基地依存経済」については、沖縄県も二〇〇八年発行の基地統計から従来の集計手法を変更し、米軍の直接発注分などを加え、過去一〇年分に遡って修正している。最近の基地関係収入額は総額二一五五億円（県民所得比五・四％）と二〇〇〇億円の大台を突破している（「米軍等への財・サービスの提供」〈沖縄県基地対策課、二〇〇九年三月〉より）。

基地収入は、「軍用地料」「米軍雇用者＝基地従業員所得」「米軍等への財・サービスの提供」「その他＝米軍の直接発注分」などで構成されている。

中でも軍用地料は復帰後、右肩上がりで上昇を続け、復帰時の一二三億円から二〇〇六年には七七七億円と六・三倍に増加した。軍雇用者所得は二四〇億円から五一六億円と二・二倍。米軍サービスは四一四億円から七四六億円と一・八倍。とくに軍用地料の伸びが顕著となっている。

軍用地は本土では八七％が国有地だが、沖縄では国有地は三四％に過ぎず、残りは県・市町村有地が三三％、民有地が三三％を占めている。民間所有者は三万六六九四人（自衛隊分を含む）に上り、うち年間一〇〇万円未満の地主が五〇％を超えている。二〇〇万円未満が二〇％、五〇〇万円以上は九％の約三三〇〇人。多くが六〇歳以上の高齢者とみられている。

基地が提供する「雇用」は復帰時には約二万人いたが、その後は減少し、七一〇〇人台まで減少した。その後、微増に転じ、二〇〇五年以降は九〇〇〇人前後で推移している。高失業率に悩む沖縄にとって、米軍基地は県庁に次ぐ大規模な雇用先となっている。雇用問題は「脱基地経済」の大きな課題となっている。

基地所在市町村（二一市町村）のうち、歳入に占める基地関係収入の割合が最も高い宜野座村《ぎのざそん》は歳入全体の三五・五％を占めている。次いで金武町《きんちょう》（二六・五％）、恩納村《おんなそん》（二四・五％）、嘉手納町《かでなちょう》（一七・一％）、北谷町《ちゃたんちょう》（一一・五％）、読谷村《よみたんそん》（一三・二％）などと続く（二〇〇七年度）。財政の基地依存度の高さは、脱基地経済を図る上でも解決すべき重要なファクターとなる。

また米軍普天間飛行場の返還に伴う代替新基地建設問題で、国は基地建設候補地となっている名護市《なごし》や周辺の沖縄本島北部市町村に対し、新基地の受け入れを条件に「北部振興策」として総額一〇〇〇億円を投入した。このほか「基地所在市町村」の地域発展を促す名目で、慶応大学・島田晴雄教授（当時）を座長とする通称「島田懇談会」が採択した振興事業推進費として総額一〇〇〇億円が投入されてきた。

基地所在市町村の地域産業振興による「経済自立化」を促すはずの政府の基地所在市町村振興策だったはずだが、この一〇年間に政府の振興策を投入された市町村の中には、六〇〇億円余を投入された名護市のように、市債残高の増加や失業率の増加、法人税の減収など、むしろ振興策による「基地依存度の上昇」を招く自治体もある。

市町村面積に占める米軍基地面積の割合が最も大きいのは嘉手納町で、実に町面積の八二・五％

を米軍基地が占めている。残りのわずか一七％程度の面積に一万三七〇〇人余が生活を余儀なくされている。二位の金武町も町面積の五九・三％を米軍基地が占め、以下、北谷町五二・九％、宜野座村五〇・七％、東村《ひがしそん》四一・五％などが市町村面積の四割以上を米軍基地に奪われている（二〇〇八年三月末現在）。

産業振興に必要な土地の大半を奪われている基地所在市町村は、基地のない市町村に比べ失業率が高いなどの特徴がある。二〇〇五年の国勢調査によると、嘉手納町の失業率は実に一七・五％と、県平均（一一・九％）を大きく上回り、全国最悪の沖縄県の中でも最悪の高失業率となっている。ほかに、うるま市（一五・六％）、北中城村《きたなかぐすくそん》（一四・六％）、沖縄市（一三・七％）、伊江村《いえそん》（一三・〇％）、宜野湾市《ぎのわんし》（一二・五％）、名護市（一二・五％）、読谷村（一二・四％）、東村（一二・三％）、金武町、那覇市（ともに一二・一％）と、県平均を上回る一七市町村中一三が「基地所在市町村」となっている。人口当たりの民間「軍用地代」収入の高い地域や基地面積の高い基地所在市町村は概して失業率も高くなっているといえる。

基地関係の振興策を投入されるほど失業率が高まり、財政の基地依存度が増し、地域経済の自立化が遅れるという矛盾が、基地経済によって浮き彫りになっている。

❁明暗分ける脱基地と基地依存

復帰前後から現在に至るまで、「基地がなくなったら、沖縄は〝イモと裸足《はだし》〟の極貧生活に逆戻りする」との危機論が一部で根強くある。「米軍基地オアシス論」である。産業らしい産業のない砂漠のような沖縄で、基地は「雇用」と「金」が湧き出る「人工オアシス」であり、沖縄は基地オアシスなしでは生きていけない、という論法であろう。

米軍基地があるから政府は巨額の振興予算を毎年投入し、市町村は基地周辺対策や特別交付金をもらうことができる。米軍基地は県庁に匹敵する九〇〇〇人の莫大な雇用を提供し、基地従業員に年間五〇〇億円を超える給与所得を保証し、四万人を超えるフェンスの内側の〝住民〟たちに毎年五〇〇億円もの消費支出と、米四軍による一〇〇〇億円を超える財・サービスを県内企業が受注し、フェンス周辺の飲食街にドルを供給しているというのが「基地オアシス論」の根拠である。

しかし、本当にそうであろうか。前述したが、脱基地と基地依存で二つの基地所在市町村が明暗を分けた。

脱基地で成功したのは沖縄本島中部の北谷町だ。町内の米軍基地返還を受け、その跡利用で成功し、基地の街から県内屈指の商業都市に変貌した。北谷町は一九八一年に町内にあったハンビー飛行場（四三ヘクタール）と射撃訓練場のメイモスカラー地区（二三ヘクタール）の返還を獲得した。この基地返還後の開発によりハンビーは税収が返還前の五二倍に、経済波及効果は八一倍、雇用は二二倍に増えた。メイモスカラー地区は税収が三八倍、経済波及効果は一七倍、「雇用は一〇〇倍を超える」（北谷町）という。両地区で新規雇用は二〇〇四年時点で五九〇〇人、経済波及効果は二〇〇〇億円を超え「予想をはるかに上回る効果」に北谷町も驚く結果となった。

北谷町では、両地区の規模を越える「過去最大規模」のキャンプ桑江の一部返還も近い。「これで手狭になった商業拠点や不足する住宅地を拡大できる。新たな投資効果と経済波及効果が期待できる」と町は返還を歓迎している。

一方で、基地依存を高めたのが沖縄本島北部の名護市である。普天間基地返還に伴うキャンプ・シュワブ沿岸への代替基地建設の受け入れを決めた一九九七年以降、基地関連収入は九五年の一九億円から二〇〇一年度には九一億円と五倍に増えている。その後も年間三〇億円前後の基地関連投資が続いている。

増えた理由は九七年から始まった米軍基地所在市町村活性化事業（通称・島田懇事業）と、二〇〇〇年から始まった北部振興策。いずれも総額一〇〇〇億円を一〇年間で基地所在市町村に投入し、基地所在市町村の地域活性化を図るものである。

政府の二つの「基地所在市町村活性化」事業予算の投下で、名護市財政の基地依存度は九六年度以前の六、七％台から九七年以降増え始め、二〇〇一年度には二九・四％、〇四年度には二四・五％まで急増した。この間、名護市だけでも六〇〇億円を超える政府の振興予算が投下された。しかし、完全失業率は九五年の八・七％から〇五年には一二・五％と悪化、企業立地で増えるはずの法人税収は四億四〇〇〇万円から四億三〇〇〇万円と減り、逆に市の借金となる「市債残高」は一七一億六〇〇〇万円から〇四年度には二三五億二〇〇〇万円にまで膨らんでいる。

振興予算を投入されて逆に依存度を高め、失業率が悪化し、借金が膨らむ結果となった。名護市は「基地振興策をこなすために借金を重ねたのが原因」と説明しているが、振興予算がむしろ逆効果となり基地所在市町村を苦しめる本末転倒の事態が生じている。

❁「悪貨（米軍基地）」に駆逐される「良貨（民間経済）」

米軍基地の土地の生産性は、必ずしも高くない。むしろ、基地に提供するよりも民間経済に活用することで、土地の生産性が格段に上昇することが、これまで沖縄で返還された米軍基地の跡利用で明らかになっている。

沖縄県が二〇〇七年に実施した「駐留軍用地跡地利用に伴う経済波及効果等検討調査報告書」や県基地対策課の調査によると、沖縄の本土復帰後、返還された米軍基地四地区のうち前述した北谷町桑江地区、北前地区のほかにも「牧港住宅地区＝現・那覇新都心（二一四ヘクタール）」（那覇市）、「那覇空軍・海軍補助施設＝現・小禄金城《おろくきんじょう》地区（一〇九ヘクタール）」（那覇市）、「天願《てんがん》通信所＝うるま市街（九七ヘクタール）」（うるま市）などでも、雇用、税収、経済波及効果ともに「返還前」の米軍基地時代より「返還後」の民間活用がはるかに大きな効果をあげている。

牧港《まきみなと》住宅地区（那覇新都心）は返還前と返還後で雇用効果が三六倍（一九六人→七一六八人）に、那覇空軍・海軍補助施設（小禄金城地区）は一四倍（四七〇人→六七九六人）、天願通信所（うるま市街）は実に六〇八倍（四人→二四三二人）と急増している。

返還後の開発や跡利用による直接経済効果や生産誘発効果、所得誘発額、税収でも牧港住宅地区は「返還で失われるもの」に比べ「プラス効果」がはるかに大きく、直接経済効果で七三五億円（基地時代五一億円）、生産誘発額で八七四億円（同五五億円）、所得誘発額が二五一億円（同一七億円）、税収も一一三億円（同六億円）と圧倒的だ。

同様に那覇空軍・海軍補助施設でも直接経済効果で八六九億円（基地時代三四億円）、生産誘発額で九五八億円（同二九億円）、所得誘発効果で二六七億円（同九億円）、税収も九四億円（同三億円）と、いずれも返還後が一五倍から三〇倍も大きくなっている。

本来なら民間で活用すれば一五倍から三〇倍もの生産性、税収が得られる土地を、基地に提供・使用されていることになる。まさに「悪貨が良貨を駆逐する」かのように、生産性の低い産業が、生産性の高い産業を駆逐している状況が調査の上ではっきりと証明されているのである。

沖縄では一九六一年から一部米軍基地の返還が始まり、現在まで一万二〇〇〇ヘクタール近い軍用地が返還されている。返還跡地は、都市開発や農地、リゾート開発などに活用され、市街地の形成や商業地として地域経済の拠点となってきた。

いま、日米両政府は宜野湾市の米海兵隊・普天間基地をはじめ、二〇一四年以降、沖縄本島の嘉手納基地より南の五基地（普天間基地、キャンプ瑞慶覧《ずけらん》、キャンプ桑江南側、牧港補給基地、那覇港湾施設）の返還も想定している。五基地の総面積は約一五〇〇ヘクタールと、すでに返還されている牧港住宅地区＝那覇新都心の約七倍にも上る基地の跡利用となる。それだけに、相当な覚悟と周到な計画、準備が必要となる。

沖縄県は、すでに大規模な五基地返還を想定し、二〇〇七年に「駐留軍用地跡地利用に伴う経済波及効果等検討調査」を実施している。同調査による県の試算では、嘉手納基地以南五基地の返還に伴う「整備」による直接経済効果と波及効果は、「県内最終需要額＝直接経済効果」が一兆一四三億円、「生産誘発額」は一兆六九九一億円、「所得誘発額」は五三八六億円、「誘発雇用人数」は一三万四七九三人となっている。「税収効果」は総額一二九五億円（市税が四六九億円、県税が二一〇億円、国税が六一六億円）と試算している。

また返還・整備後の「活動」による直接経済効果と波及効果は、県内最終需要額が五五九七億円、生産誘発額が九一一〇億円、所得誘発額が二四九七億円、誘発雇用人数が七万八二七二人と試算されている。税収効果は総額一二五三億円（市税が三二五億円、県税が一六三億円、国税が七六四億円）、このほか返還跡地での企業活動で、総額八七〇七億円の販売・飲食・サービスなどの直接経済効果が試算されている。

結論として沖縄県は、返還跡利用にあたっては周辺地域との開発・土地利用調整などの十分な配慮が必要としながらも、米軍基地返還は返還時の開発事業で多額の財政負担を伴うものの、長期的には支出を上回る経済効果と税収が期待できるとしている。

❁「基地依存」脱却へのまなざしを

脱基地経済は、かつて懸念された「イモ・裸足の時代」への逆行ではなく、返還効果による地域振興と民間活力の発揮を促すチャンスとして大きく可能性を内包している。

　基地の大規模返還は、団塊世代や富裕層をターゲットとする移住ビジネスのチャンスを提供し、返還後の跡利用に必要な基地の環境浄化は国費による環境ビジネスの大型需要の創出、大都市建設による建設需要、都市間縦断の新交通システムの構築、また普天間基地の地下に広がる無数の鍾乳洞は新たな観光資源としても注目され、牧港補給基地は隣接する那覇港湾施設との連携による新たな産業団地としての成長が期待されている。

　返還対象にはなっていないが、四〇〇〇メートル級滑走路二本を有する米軍嘉手納飛行場は、成田国際空港や関空（関西新空港）を超える空港能力を持ち、米軍向けに建設された高価な戦闘機の掩体《えんたい》施設や巨大な格納庫は「東京・晴海の国際見本市会場を超える巨大な展示施設にも転用可能な施設」として、海外企業からも注目されている。

　すでに減価償却を終えた滑走路など空港施設を民間転用できれば、ジャンボ機の着陸料でアジア一高額（八〇万円～九〇万円）の成田、関空よりはるかに格安な着陸料（試算では五万円～一〇万円）で施設を提供でき、アジア一コストの安いハブ空港としての活用も夢ではない。

　脱基地と脱基地経済の構築に必要なのは、脱基地に向けた県民の本気度と活用の知恵、脱基地に踏み出す勇気、そして脱基地への挑戦を推進できるリーダーの存在であろう。

　これまでの沖縄は、米軍基地から派生する現在の基地収入に眼を奪われ、基地がなければ得られるであろう「逸失利益」に関するシミュレーションや研究、挑戦がおろそかにされてきた。しかし、最近では県も大規模な基地返還を想定し、跡利用や返還に伴う経済効果の調査・研究に着手している。

沖縄からすれば県民の意思を無視し、あるいは銃剣とブルドーザーで強権的に国策としての米軍基地を建設・維持・運営してきたのは政府であり、国策として沖縄に置かれた米軍基地が撤退・撤廃される際には、生じる経済的混乱に対しても政府は国策として返還後の利活用対策を混乱なく推進できるよう万全を期すべき義務を負っている。

二〇〇九年一月に発足した米オバマ新政権は、高価なF22戦闘機の生産中止を決定し、核戦略の見直しに着手するなど大幅な軍事費削減を始めている。海外基地についても見直しが大きく進む可能性も秘めており、今後予断を許さない状況にある。

基地は撤退が決まると早い。それはかつてのフィリピン・スービック、クラーク両米軍基地の撤退が好例だ。米国が撤退を決める前に、主体的に返還を求め、計画的に跡利用を進める主導権を握ることが重要となってくる。沖縄県や県民もまた米軍基地に依存してきた長すぎる戦後を総括し、脱基地経済の方向性をきちんと打ち出し、米軍基地なき後も見据えたマスタープランとなる「沖縄新21世紀プラン」の策定に本腰を入れるべき時期に来ている。

沖縄振興体制で奪われた沖縄の主体性

琉球大学教授〔政治学〕 島袋 純

◎政府による沖縄基地問題の「非争点化」のプロセス

一九七二年、施政権返還後の沖縄に対して、他府県には見られない特別な統治の仕組みが導入された。多様な特別措置法（特措法）からなる「沖縄振興（開発）体制」である。長年の米軍支配により進まなかった沖縄の道路、港湾、農業基盤など社会資本の整備に対して、国が責任をもって取り組むとされ、法制度や機構が整えられた。

中央の資金を公共事業や補助金によって地方に分配していくことは、日本型保守政治、すなわち「利益還元政治」といわれる。利益還元政治の要《かなめ》には通常、保守系の国会議員がいて地元からの陳情を受け付け、国の役人に口利きを行う政治ルートがあり、中央省庁の中の地元出身者や縁のある人材が事業獲得を支援する行政ルートがある。ところが、沖縄では戦後の施政権分断により、国政参加できなかったため、いずれのルートも極めて脆弱《ぜいじゃく》であった。沖縄振興体制とは、第一にそのルートを補完する公的な「利益還元マシン」としてつくられたということである。それにより、沖縄はスムーズに日本の利益還元政治の枠の中に納まっていく。

さらに重要な役割があった。沖縄振興について国の責任を果たしていくとされた沖縄開発庁が、基地から派生する問題は責任外、所轄外としてまったく取り扱わないこと、つまり沖縄の現状についての地元の要求を、振興開発事業、公共事業に限定する役割を持っていた。それにより国政レベルで沖縄基地問題を政治的問題として浮上させないこと、つまり「非争点化」の役割を担った。振興開発計画の策定主体は沖縄開発庁であり、いくら県や市町村からの要望があっても、基地の整理縮小を前提とする計画を策定することは不可能であった。

さらにこの非争点化は、多様な特別措置法によって支えられていた。たとえばその一つに駐留軍用地特別措置法がある。公共目的のために政府が土地を強制使用するためには、土地収用法が適用されるが、軍事目的での土地の収用が戦後の憲法のもとに不可能となった。しかし実際には日米安保条約に基づいて米軍が駐留しており、政府は基地を提供しなければならなかった。そこで特別法として「駐留軍用地特別措置法」を制定し、軍事目的のために民有地や自治体の土地を政府が強制使用することを可能とした。

その手続には、まず、政府が強制使用する土地・物件の調書に対する地主の署名が必要である。しかし沖縄には、戦争中に日本軍、そして戦後は米軍によって強制的に土地を取り上げられた人びとが多数存在し、中には強制使用を不服として署名に応じない地主がいる。その場合は次に、署名に応じない地主に代わって市町村長の「代理署名」が必要となる。さらに市町村長が代理署名に応じない場合もある。その場合は第三に、地主及び市長村長に代わって知事による署名が必要となる。さらに知事が署名を拒否した場合は、総理大臣は知事に対する職務執行の勧告、命令を出す。しかし、その命令に応じない場合は、総理大臣は高等裁判所に知事を提訴することになる。その裁判所の命令を知事が拒否した際には、総理大臣による「代理署名」が行われることになる。

このような制度のもとで、一時は沖縄県知事と首相（国）が最高裁で真っ正面から対決するという事態が生じた（九六年）が、その後、国は二度にわたり駐留軍用地特別措置法を「改正」、いかなる事態が生じようと、米軍用地について結局は首相の「代理署名」で強制使用することにした。

沖縄の軍用地については、国はこのように頭を悩ませたが、一般的にいって、日本の集権的な国と自治体の関係においては、権限や財源の中央集権のもとに国は自治体に対して多種多様な「説得」や「脅し」の手段を持っている。現実的には、政府が高等裁判所に持ち込まざるを得なくなるケースなどほとんど皆無であった。軍用地の強制使用に対して反対の首長でさえ、政府からの補助金や交付金の削減やさまざまな報復措置を恐れ、結局は代理署名に応じざるを得ない。それがたとえ代理署名が自治体首長の本心や支持団体の意に反するものだったとしても、また、署名に応じた首長に対する批判や批難が噴出し、自治体の政治において大問題になったとしても、結局、首長は代理署名に応じることとなる。そうなれば、市長村長や知事が基地の存続を代理署名で承諾したものとみなされ、政府の強制使用手続は、国では政治的にも行政的にも何の政治的問題（争点）にもならずに進行し完了する。自治体内部で問題を終わらせ、自治体で承諾されたものとして国政レベルの政治的争点にさせない、地元で封印しておく仕組みであった。

❁「非争点化」に挑んだ大田県政

駐留軍用地特別措置法に端的にあらわれるが、それに限定されず、沖縄振興開発特別措置法及び沖縄振興開発計画を中心に形作られる沖縄振興体制そのものが、先述したように基地問題を管轄外とすることで、沖縄の基地問題を国政レベルにおいて非争点化する仕組みということができる。

この非争点化に挑戦したのが、冷戦終了まもない一九九〇年に登場した沖縄県知事・大田昌秀である。冷戦終了が基地縮小をもたらすと考え、それを含みこんだ第三次振興開発計画（一九九二年～二〇〇二年）を要望していた。しかし、沖縄開発庁は、基地問題についての何らかの取り組みを行える官庁として作られたのではなく、もともと基地に関連する問題解決を含む計画を作れる官庁ではない。その限界を超えるために九二年から着手された沖縄県初の総合的な計画が基地の段階的返還を前提条件とする「沖縄国際都市形成構想」である。

在沖米軍基地の大胆な整理縮小を前提とするこの構想の実現のためには、沖縄基地問題を政治的アジェンダとして取り扱う機関が必要であった。そのためには、九五年に起こった米兵による少女暴行事件による沖縄県民全体の反基地世論の高揚と、それを受けて、当時国から要請されていた代理署名手続を知事が拒否し続けたことは重要であった。上述したように、国の機関委任事務とされる代理署名について、絶対的な力を持つ国からの制裁的な措置や関係の悪化をおそれ、拒否し続けることは難しい。実際に大田も、九〇年の任期一年目に要請された代理署名手続については、支持団体の反対にもかかわらず応諾していた。

しかし、九五年の場合は、三人の米兵による一二歳の少女暴行というあまりにも悪質な犯罪ゆえに米軍と米軍基地に対する県民の反感は頂点に達しており、代理署名の拒否が政治的な支持を持った。沖縄県内のみならず、日本のメディア全体においても県民の状況と代理署名拒否に対する同情的論調が支配的であり、それを背景に大田県政は、制裁を恐れることなく最後まで代理署名拒否を貫き通すことが可能となり、高等裁判所、最高裁に持ち込むことによってさらに問題を大きくすることができた。つまり、なんらかの政治的解決でしか決着がはかられないよう、国政レベルの政治的争点とならざるを得ないようにできたのである。

大田県政は、九五年一〇月の県民大会において代理署名拒否を宣言し、九六年初頭から夏にかけ裁判闘争を続け、さらに県民投票によって代理署名拒否の県民運動を盛り上げる一方で、水面下で政府との交渉を続け政治的解決の落としどころを探った。それは、基地問題を争点化して国政レベルのアジェンダとして取り扱う国の機関を設置することと、その機関が県の意思を反映できるものとするということである。そうしてつくられたのが、県知事が関係閣僚とともに基地問題を含めた沖縄問題の解決を図るための機関である、「沖縄基地問題協議会」（九五年一一月閣議決定）であり、また、「沖縄政策協議会」（九六年九月閣議決定）であった。

しかし、基地問題協議会はその後開催されなくなり、最高裁判決を受けての知事の「代行応諾」の表明直後に国が県の約束のもとに設定した沖縄政策協議会は、新たな「利益還元マシン」構築の土台となってしまった。当初、国際都市形成構想推進政策のための国と県の協議会とされたが、それが新たな振興策分配のマシンとして機能し、今度は国主導で、沖縄の基地問題を再び国政において非争点化する強固な仕組みが構築されていくことになる。

❁沖縄から代理署名手続を奪った地方分権一括法

まずは、機関委任事務の廃止によって地方分権を推し進めたと評価された地方分権一括法の中に、駐留軍用地特別措置法の改正が盛り込まれた。大半の機関委任事務が自治体の事務として再構成される中にあって、米軍用地の強制使用に関する代理署名手続は、自治体の事務ではなく国の直轄事務として吸収され、市町村及び府県は、まったく関与する手段を失ったのである。

基地問題を国政の争点にしないように自治体レベルの政治に封じ込めるという、国にとってはありがたい機能を有する機関委任事務であったが、代理署名拒否が県民の政治的な支持、政治的正統性を持てば、封じ込め機能はまったく無意味なものとなり、それどころか、米軍基地の安定した提供という、国の基本的政策に対する自治体の一種の拒否権のように機能したのである。代理署名手続が、基地問題の自治体への封じ込め機能を喪失し、逆に沖縄側に国策拒否権を与えてしまう形となり、国にとっての最重要課題は、基地問題の国政争点化をもたらしうる代理署名手続をとにかく沖縄から奪うことであった。

さらに、沖縄米軍基地所在市町村に関する懇談会事業（通称、島田懇談会事業）をはじめ新たな高率補助の枠組みが次々と打ち出され、そのための協議会等が設けられ、そのたびに基地移設あるいは新設とリンクされ、より直結するようになる。その最終段階が、〇七年度より制度化されたいわゆる「米軍基地再編交付金」である。それは、新たな基地負担へ自治体の協力に応じて、防衛大臣の都合、政治的判断で補助が決まる。これに依存しなければ自治体財政が成立しないということになれば、地域に役場は残っても自治は消滅し、もはや、「軍事的植民地」といって過言ではない。

こういう状況に追い込まれた中でかりに反対派の運動で基地建設が進まないとすれば、推進派からは再編交付金をもらえない元凶と糾弾されることになろう。さらにこうした事態を、中央メディアは基地をめぐる地元の醜い利益争いとして沖縄バッシングを行い、国民の関心は遠のき、国による沖縄地元の頭ごなしの移設決定にも無関心となりつつある。こうして、より強固な「非争点化」の仕組みができあがってしまったのである。

❁「財政規律」の崩壊と自治の破壊

分権改革において、沖縄では国の役割の重点化論によって集権化されていることに注視する必要がある。たとえば、先述の軍用地の強制使用に関与する手続を自治体から奪いとった駐留軍用地特別措置法の改正に見られるように基地問題は中央集権化されている。「聖域なき構造改革」の標語のもとに、地方への補助金を削減した小泉政権以降においても、沖縄においては沖縄振興体制と基地問題がセットのようになって聖域化しているといえる。こうした現状をさして日本全体では、「どうせ沖縄が基地に反対するのはお金がほしいだけだろう」と、基地問題の痛みを共有する感覚や支持が薄れていくという非常に危うい状況が生まれている。

さらに重要な問題は、国民的支持が弱い中、どうにか沖縄の自治体が中央から補助金を確保できたとしても、自治体の「財政規律」の崩壊という非常に大きな問題を引き起こしている。住民の社会的ニーズや住民生活の改善という社会的な効果を達成目標とするのではなく、事業費そのものの拡大を目標としてしまうことや実績の確保が重視され、住民の暮らしの改善に結びつく社会的な効果や経済的波及効果が軽視ないしは無視されているのである。それにより、自治は破壊され、いくら投資しても経済は疲弊していくという悪循環に陥っている。

二〇年、三〇年前であれば、沖縄では社会資本（インフラ）が徹底的に不足していたので、作れば必ず需要があったといえる。しかし、九〇年代以降本土並みに社会資本の整備が進んだ。現在では、自治体が、市民の福祉や生活の満足度を含めた社会状況・経済状況の改善の度合い、すなわち「社会的効果」を客観的に把握して、その効果を得るための有効な投資であるべきという点を重視しなければ、無駄な公共投資になってしまう状態となった。したがって、社会的効果を「アウトカム」として最小の費用（事業費や生産費）で達成することが重要である。

【図1】自治体を経営体とする方法

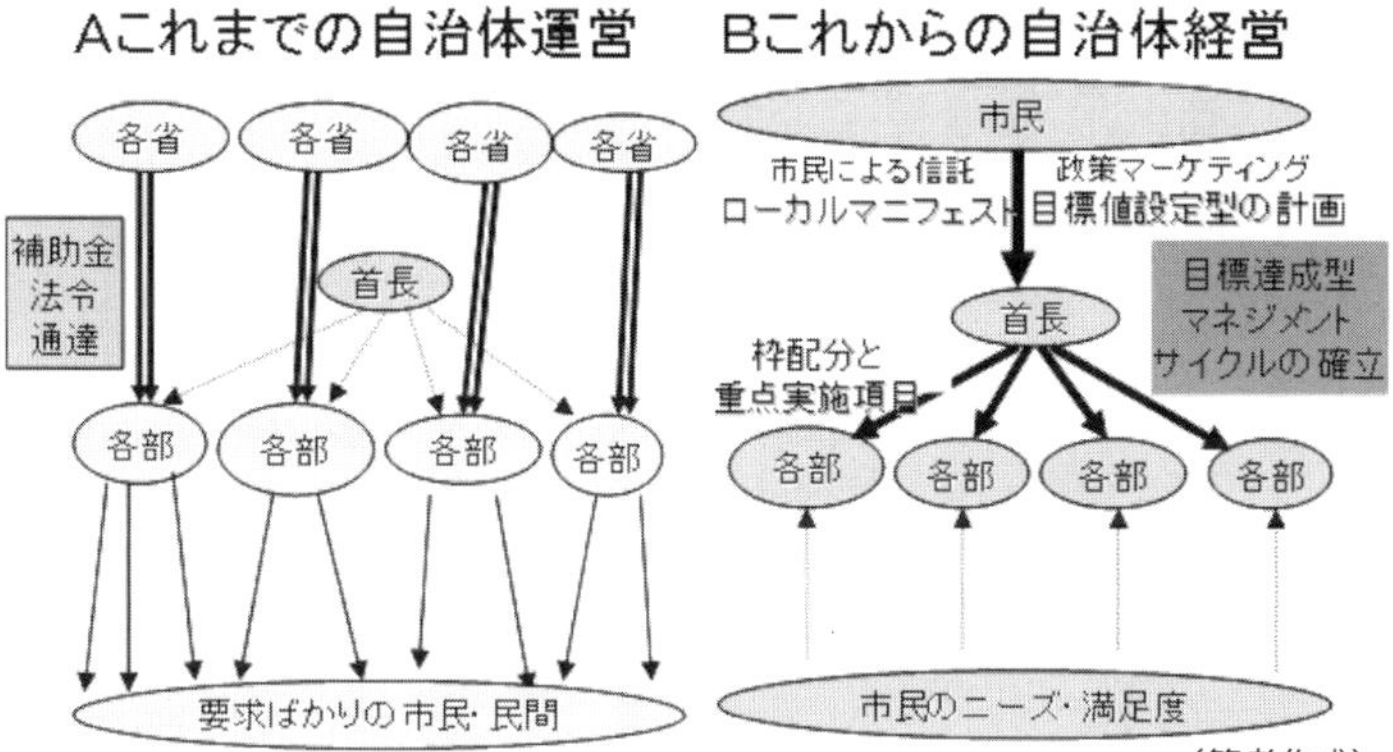

（筆者作成）

これまでの沖縄の行政の仕組みは、社会的効果を軽視した事業費極大化であり、この問題を企業にたとえれば、生産費は高ければ高いほど良いが、売上げ（効果）については無視するということであり、必ず倒産することになる仕組みだ。沖縄県の自治体にはこのような体質が浸透してしまった。この問題は、予算が右肩上がりの時は顕在化しなかったが、右肩下がりの現在では借金が膨らんで必ず破綻へと向かうことになる。

❁中央従属からの脱却と自前の政策開発能力

沖縄の自治体の首長や議員、また住民や企業の中には、どこかに大きな資金のプールがあって、そこから資金を多くとってくる首長が良い首長という感覚がある。そういう甘い認識である限り、自分たちの共通の財布で収支のやりくりをどうにかしていくという、財政の引き締め、すなわち

「財政規律」が崩壊することになる。沖縄の自治体全般に指摘されるもので特に沖縄県庁に端的に現れるのが、中央各省庁の意向に沿ったセクショナリズム、縦の関係である。それを図で表したものが［図1］の左、「Aこれまでの自治体運営」である。現状では各省庁の補助金、法令、通達、助言（行政指導）が非常に大きな力としてあり、自治体の各部長は首長の意見に従うことよりも、その部と同じ専門領域の、いわゆる親元省庁の話しを聞いてそこから補助金を多く獲得することに血道を上げる。そしてそれが結局は部長の実績に通じることになる。

今、日本の自治体は、細かな公共的ニーズ調査に基づいて全般的に目標を設置する政策マーケティングによって抜本的に変わりつつある。青森県庁によって初めて導入されたが、現在では自治体の総合計画の手法として確立しつつある。もう一点は、市民の信託によるローカルマニフェストによって首長が選出され、それが基本的な政策枠組みとなる自治体が増えていることに注目する必要がある。［図1］の「Bこれからの自治体経営」でイメージできる。政策マーケティングとローカルマニフェストは、政策の優先順位と達成目標（社会的効果）が明確化されるので、これを基に首長は予算の枠配分と重点実施項目を各部長に下ろしていくという方法がとられている。そうすることで政策の達成すべき目標、すなわち、市民の社会的ニーズの充足度や満足度が上昇していく。

この目標管理型のマネジメント・サイクルについては、民間企業と比較すると分かりやすい。市場において競争を余儀なくされる民間企業では売上げを伸ばすことが当面の第一の目標と仮定できる。［図2］で表されたように、かりにA部がつくっている a 製品が売れており、B部の b 製品は売れ

【図2】民間企業との比較：
財の受益と負担が一致する市場では

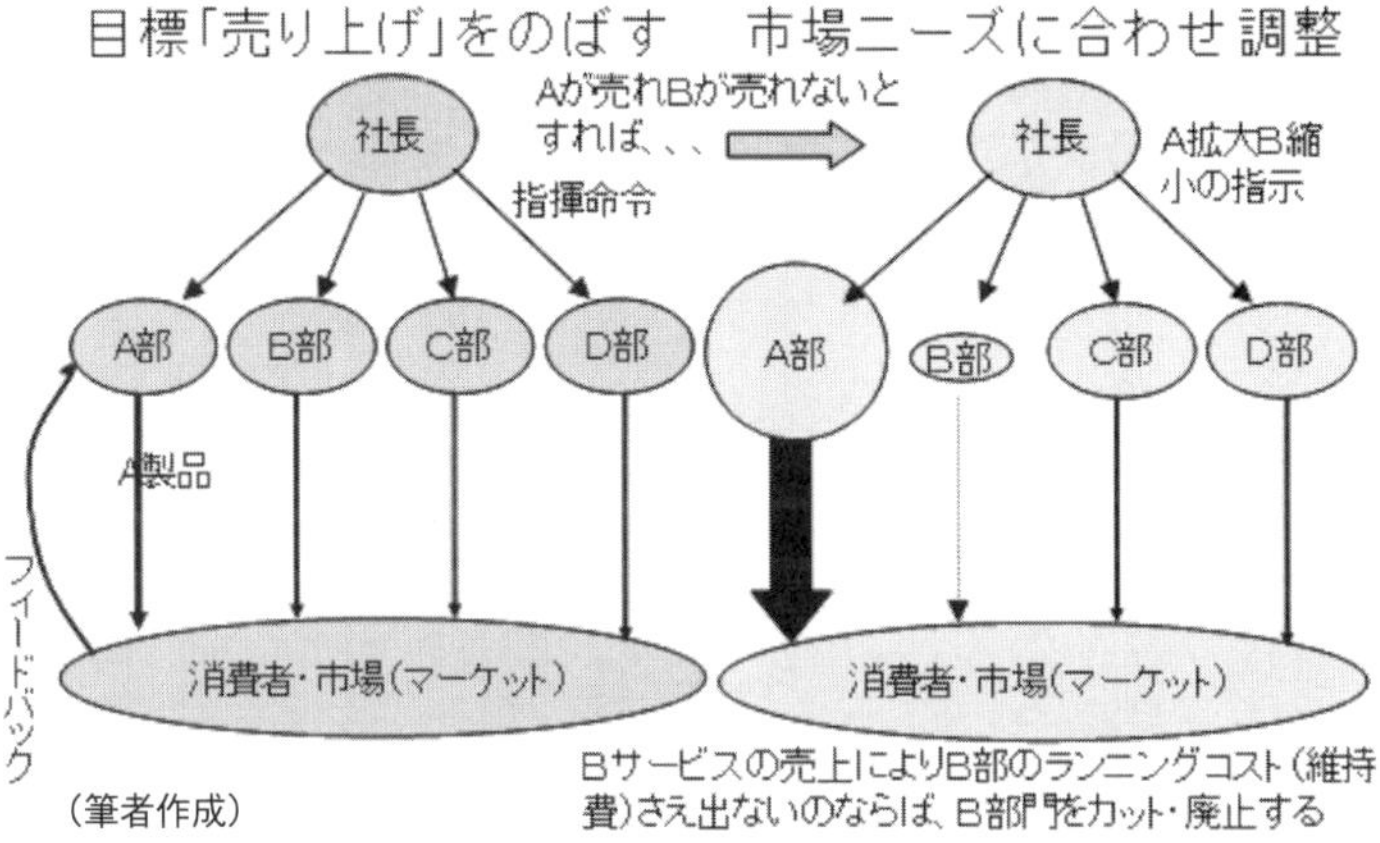

（筆者作成）

ていないとする。市場の売れ行きのフィードバックは社長に直ちにもたらされるので、社長は売れていないｂ製品のＢ部を縮小してＡ部の人員を拡大すれば良い。もし、Ｂ部のランニングコストさえ補えないということになる場合は、Ｂ部を廃止すればよい。これをしないと会社はつぶれるので、絶えず市場からのフィードバックを徹底して重視する。そして、達成すべき目標に向けて組織全体が動く。

　公共部門において、いかにしてフィードバックシステムを構築できるかが非常に重要である。このために、市民起点のＰＤＣＡマネジメント・サイクル［計画（plan）、実行（do）、評価（check）、改善（act）］の確立が重要である。市民が必要とする社会的ニーズを的確に捉えて、公共的サービスの供給の中身を政策や施策として合理的に編成することが計画であり、そして、その社会的ニーズを充足していく施策ごとに効果が検証可能なように目標値を明確化することが求められる。さらに、自治体が破綻しないためには、このサイクルにきちんと位置づけられた事業の実施と評価が非常に重要である。

しかし、このマネジメント・サイクルや政策評価を実施するためには、沖縄振興体制が大きな阻害要因になっている。沖縄振興特別措置法施行令の三八条に高率補助の公共事業メニューがあるが、これは同法及びその前身の法ができた施政権の返還時からほとんど変わらない。自治体は予算極大化を目指すとすれば、できるだけ高率補助の事業を予算化するように方向付けられてしまうので、財政規律が崩壊してしまう。この点について、ある沖縄県の幹部は、一括計上の予算を幕の内弁当にたとえていることが報じられている。「復帰後、事業総額は増えてきたが、メニューはほとんど代わらない。食べすぎで遠慮したいものも、開発庁の機嫌を損ねないために、しかたなく食べている面もある」と。その結果は、財政規律が崩壊し、投資すれば投資するほど地域経済の自立性は損なわれ、より依存的になるという悪循環が生まれている。

これまで沖縄全体で高率補助の維持拡大を懸命にやってきたが、本当にこれは最優先すべきなのだろうか。沖縄国際大学教授の富川盛武が、政治的自由と財政資源の量の関係について説明しているが、条件付けがなかった富川が作成した図に、筆者が条件付けをした左ページの[図3]で説明したい。

富川は、政治的自由度と財政資源の量は反比例関係にあるとし、したがって政治的自由度が上がれば上がるほど財政資源の移転量が減るという。理想としては自由度も移転量も0ラインまで引き

【図3】 高率補助拡大は最優先か？

〇政治的自由度と財政資金（移転）

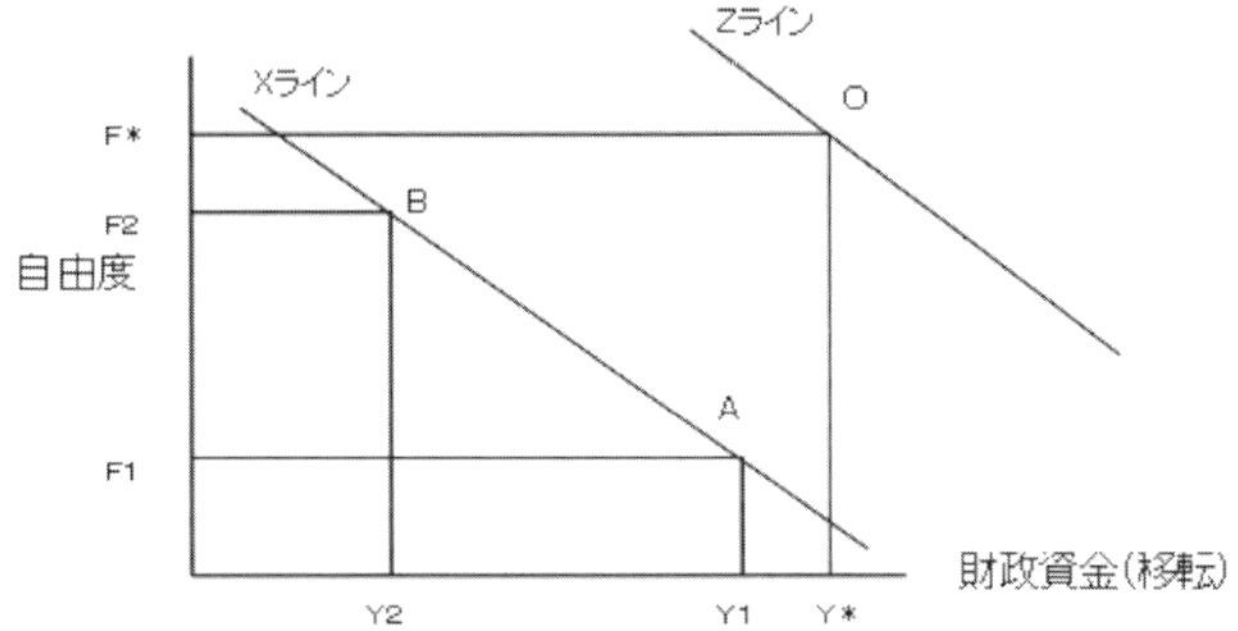

上図のXラインは、自治の自由度と財政移転額のバーター関係＝国庫支出金（目的限定の個別補助金）による財政移転が主な場合＝振興開発体制にのみ妥当

出典：富川盛武報告レジュメ、経済同友会「道州制と沖縄の選択」32頁を参考に一部加筆修正

上げていくことが望ましいが、それは現実的には無理なので、Xライン上の現状の財政制約の下で自治の自由度と財政移転の妥協点を探れ、との主張をしたと思う。

しかしながら、この富川の図は、用途を限定した国庫支出金によって財政移転がなされること、すなわち現在の仕組みを前提条件としているということが明らかでない。つまり、現行の振興体制のもとでは予算拡大を図れば図るほど、国からの特定補助金ばかりを取ってくることになるので、Xライン上で自由度はBからAに下がるのである。言いかえると、資金の量的確保を目指して国庫支出金一〇分の九あるいはそれ以上の高率補助ばかりを増やすことに意識が集中するため、市民の社会的ニーズを正確に把握しそれに基づいて自治体が独自に政策開発した施策を行うことがなくなる。ひいては、職員の政策開発能力がまったく育っていかない。用途が厳格に特定された国庫補助事業ばかりが多くなり、自治体の独自の政策が予算化できないということはつまり、自治の自由度が小さくなることを意味している。

いくら投資しても社会的な効果が低い投資であれば、経済は活性化しない、いわゆる「無駄な投資」「ザル経済」になる。現在までの振興体制では、いくら投資しても経済は活性化しない。逆に経済の活性化にとっても最も重要な社会的基盤である社会関係資本（ソーシャル・キャピタル、R・パットナムの明らかにした概念、後述する）を破壊する。少ない投資であっても、効果が高い投資を行えば経済は活性化するので、まず、県庁が政策開発能力を高める必要がある。そしてまたフィードバックがなされるように、ＰＤＣＡサイクルを確立する必要がある。

❁信頼のネットワーク「社会関係資本」の形成を

自治体の政策開発能力を高めず、ＰＤＣＡマネジメント・サイクルの確立を阻害し、「財政規律」の強化を拒むのが、沖縄振興体制であると思う。見かけは拠点開発主義で経済特区型であるが、振興策メニューが並んでいるだけで、目標達成型ではない。その体制が、自治体の「財政規律」の崩壊と依存体質を強化している。さらに、高率補助メニューは、利益還元政治をもたらすという大きな問題を併せ持っており、ムシリ・タカリができるコネを持つことが利益に預かれるという政治的機会主義がはびこり、恩顧主義が蔓延し、これによって得をするものとしないものに分かれて、地域社会が対立し、お互いに不信感を持つような構造になっている。それに加えて、政策の決定が不透明となり、住民の知り得ないところで決まっていくので、行政と住民の間の意思疎通に基づく自治体経営が行われず、住民の、自治体行政やそれに関わる企業や団体等に対する不信が増大する。その結果、これからの自治体行政にとって最も重要な資本である、社会を構成する人や組織の間の相互信頼関係のネットワークである「社会関係資本」が破壊されていく。

したがって、今後は、以下のように沖縄の振興と自治のあり方を変えていくべきだと思う。

①社会の仕組みを恩顧主義的な関係から市民共同体的関係に変えていく必要がある。

②外部からの財政移転に依存する公共投資の拡大と資本の誘致に基づく開発主義から地域的な資源を発掘し形成しそれを活用していく内発的発展型に開発手法の比重を置いていくべき。

③グローバル化の経済拠点からグローバル化の市民拠点へ変えていくべき。

④マネジメント不在行政から市民起点のマネジメント・サイクル確立へ。

⑤社会関係資本破壊型投資とそのための仕組みから、社会関係資本育成型投資、あるいはそのような投資を促進する仕組みへ。

⑥経済的主体、政治的主体、社会的主体の育成、そういう主体育成が非常に重要であり、市民的結社、ネットワーク型、水平的連携を進める主体、沖縄の歴史を自ら創造するという主体性の確立へ。

ところで、なぜ、「社会関係資本」が重要なのか。それは、ハーバード大学政治学教授で、アメリカ政治学会理事長を務めたこともあるR・パットナムの、一九七〇年代後半に設立されたイタリアの各自治州の実証的比較研究により広く知られるようになった概念である。パットナムは、州政府として成功した事例とそうとはいえない事例を、二〇年にわたって緻密に比較調査研究した。その結果、パットナムが発見した自治州の成功する要因が、「社会関係資本（ソーシャル・キャピタル）」であった。端的に言えば、うまくいっていない自治州政府はイタリア南部の「社会関係資本」が蓄積されていない、恩顧主義の強い諸州である。一方、成功するのは市民的共同体ができているところであるとパットナムは言う。信用の関係が社会の隅々まで行き渡っている。市民が社会の制度を信用している。企業を信頼している。市民的な組織を信頼している。こうして信頼と信頼のネットワークが築きあげられている。そこでは政策が、実際に非常に少ない投資で、大きな社会的効果・経済的効果をあげているというのである。

沖縄の自治と未来について、どのような広域的自治体、基礎的自治体を作り出すべきであろうか。端的に言って、「タカリ・ムシリの対象ではない自治体」であろう。市民による財政規律と市場規律の強化によって、自律性の確保に自治体が堪えられなければならない。「声なき声」を聞き取り、真の地域のニーズを追究し、生活者の満足度に注意を払って目標を設定し、最小限の費用で最大の効果を発揮するよう「協働」による政策形成を行える自治体が必要であると思う。そのためには、「社会関係資本」を重視した新しい公共セクターの育成や「市民性」教育の充実が欠かせない。それにより、経済発展も自治もよりよい自立・自律を獲得していけるものと確信している。

第Ⅳ部

持続可能な発展の可能性をさぐる

区内には500〜600軒の米兵向け「外人住宅」が建っている。2008年４月、北谷町砂辺

辺野古新基地は沖縄自然破壊のとどめを刺す

沖縄大学学長［環境学］　桜井国俊

日本政府は、一九九五年の少女暴行事件に端を発した日米両政府によるＳＡＣＯ合意に基づき、二〇一四年完成をめざして辺野古《へのこ》に普天間飛行場代替施設（新基地）を建設しようとしています。このことが私たち沖縄に住むものにとって何を意味するのかを環境の視点から考えてみます。

私の恩師である宇井純先生は、一九八六年に沖縄大学に赴任されましたが、残念なことに二〇〇六年に亡くなられました。沖縄に来られるきっかけとなったのは、経済学者の玉野井芳郎先生に、「早く沖縄に来い。来ないとこの島は溶けて流れてしまうぞ」と言われたからです。一九七二年の本土復帰以降の沖縄振興開発により、沖縄の風土に合わない全国一律の霞ヶ関基準で大量の土木型公共工事が実施されてきました。必要だから実施されるというよりは、高率補助だから実施される、そうした公共事業で赤土の流出が続き、沖縄の環境はゴムが伸びきった状態にまで破壊されてきました。高率補助は、言うまでもなく、基地を受け入れる見返りとして提供されてきたのです。

「このままでは沖縄の環境は危ないから、それを阻止するために早く沖縄に来い」というのが二十数年前の玉野井先生のメッセージだったわけですが、いまに至るもその状況は変わりません。そして二〇〇六年五月の米軍再編特措法によって、アメとムチの関係がもっと分かりやすくなり、いわゆる出来高払い制で、環境ばかりか自治も、誇りも、押しつぶされようとしています。環境についていえば、ゴムが伸びきり、いまや破断寸前です。生態学的なカタストロフィー（破局）寸前と言うのが、いまの状況です。

❁歴史の語る姿

かつて琉球王朝の時代にも、沖縄の環境が破局寸前になったことがありました。現在の状況と単純に重ね合わせることは出来ないのですが、参考にすべきものであると考えますので簡単に振り返っておきましょう。一六世紀末から一七世紀初頭にかけ、沖縄では大きな社会変動が起きました。一五世紀は大交易時代とも言われ、琉球王朝が東シナ海での交易で大いに繁栄した時代ですが、その背景には、中国大陸で明《みん》が栄え、その華夷《かい》秩序（中国主導の国際体制のこと。中華世界の周縁の夷狄《いてき》〈異民族〉が中華文明の優越を認めて冊封《さっぽう》体制に組み入れられている状況）の下で琉球王朝が特権的に交易を行うことができたということがありました。

ところが一六世紀になって明の勢いが衰え、東シナ海での交易にポルトガルなどさまざまな国々が参入するようになり、琉球が締め出されていきます。明の力の衰えに乗じて薩摩が一六〇九年に琉球に侵攻し、搾取を始めるという困難が重なります。このように一七世紀の琉球は、交易という経済の基盤を失い、薩摩からの搾取に苦しみ、そして他国の支配に服するという屈辱も味わうことになるのです。こうした苦境を打開すべく登場したのが一七世紀後半の羽地《はねじ》朝秀《ちょうしゅう》です。

羽地朝秀は殖産振興を図ります。農地の開墾、新田開発を促します。一七世紀初頭に儀間真常《ぎましんじょう》によってもたらされたサトウキビの栽培普及を図り、糖業の拡大を推し進めます。同じく一七世紀初頭に野国総官《のぐにそうかん》によって導入されたサツマイモが、救荒作物として急速に普及し、農地が広がっていきます。こうして一七世紀後半に琉球は活気を取り戻し、人口は急増します。住宅建設のみならず公共事業も次々と行われ、木材需要が急増します。製糖に使用される薪や樽材なども木材消費量を急増させました。資材輸送のマーラン船の建造にも大量の木材が使用されました。羽地朝秀の死後のことではありますが、一七〇九年の首里城焼失の際には、琉球国内で材木の調達が出来ず、薩摩から材木の提供を受けるまでになりました。

こうした農地開発と木材伐採のため、王府の杣山《そまやま》は急速に荒れ果て、川が氾濫し、流出した赤土が海を傷めつけていきます。羽地朝秀が作り上げた体制を一言で表すとすれば、「資源消費型自給経済」体制ということになります。交易の道を閉ざされ、薩摩への貢納を強要されるなかで、島内の環境を消費することで自給経済の確立をめざしたのです。しかしその矛盾は、環境にしわ寄せされることとなりました。おそらく地球環境の変動もあったのでしょう、一八世紀に入りますと、洪水と旱魃《かんばつ》がたびたび琉球を襲い、飢饉が頻発します。そういう時期に、登場したのが蔡温《さいおん》です。

蔡温は農務帳を著して土壌流出を防ぐ農耕方法を農民に徹底し、また林政七書をまとめるなどして徹底した杣山の管理を推し進めます。蔡温の作り上げた体制は、「資源管理型自給経済」体制ということができるでしょう。蔡温は羽地朝秀の路線の大幅な軌道修正を行ったのです。羽地朝秀の路線をそのまま突き進んでいれば、おそらく琉球は生態学的な破局に遭遇していたと思われます。

❁将来世代への説明責任を果たせるか

さて、宇井先生が沖縄に来られたのは一九八六年ですが、その翌年一九八七年に国連の「環境と開発に関する世界委員会」（通称「ブルントランント委員会」）が「維持可能な開発」という考えを打ち出します。私たちは、より良い社会の実現をめざしてさまざまな取り組み（開発など）を行いますが、その際に環境の視点から重要な基準の一つとなるのが、この維持可能性についての判断です。この考えに基づけば、いま沖縄で暮らしている私たちが何らかの事業の是非について判断をする場合、重要なのはその事業が後の世代（将来世代）の健全に生きていく可能性を狭めることがないことです。辺野古における普天間飛行場代替施設建設事業を積極的に推進する場合はもちろんのこと、やむを得ないとしてそれを容認する場合においても、この事業が沖縄の将来世代の、この沖縄の地で健全に生きていく可能性を狭めることがないということを、彼らに対して説明する責任（説明責任）があります。知事を先頭にこの事業を推進あるいは容認・黙認する人たちは、果たしてこの説明責任を果たす覚悟があるのでしょうか。

辺野古沿岸域は、沖縄県の「自然環境の保全に関する指針」で「評価ランクⅠ」（厳正な保護を図る区域）に分類されている特別の保護の必要がある地域です（それは特別に価値がある地域であるということでもあります）。そこには北限のジュゴンが生息しており、代替施設建設で絶滅する恐れもあることから、ジュゴンを原告の一員に加えた、いわゆる沖縄ジュゴン訴訟が米国のサンフランシスコ連邦地裁で争われ、米国の国家歴史保存法に基づき原告勝訴の判決が二〇〇八年一月二三日に出ています。

これに対し「ジュゴンよりも人間が大事」として反発する見方があります。代替施設受け入れで地元自治体に交付される再編交付金や、施設建設で地元土木業界に生ずると思われる経済的利益を重視する考え方です。しかし、これらの経済的利益はあくまでも一時的なものであり、維持可能なものではありません。むしろ、第一級の自然を保護し、将来世代に残すことこそが彼らが健全に生きていく可能性を高めるのではないでしょうか。

❁海を埋めてきた開発

沖縄の基幹産業は観光業です。沖縄県の観光収入は二〇〇七年に四二二七億円に達し、軍用地代の五倍にもなっています。県もさらなる観光産業の振興をめざして、観光客数年間一〇〇〇万人（二〇〇七年は五八七万人）の実現をめざしていますが、その片方で、沖縄観光の魅力の源泉である青い海を損なう埋め立て事業を次々と展開することは自己矛盾です。実は沖縄にはすでに、自然海岸はあまり残っていません。残された自然海岸も、リゾートホテルに占拠され、市民のアクセスが排除されている場合が少なくありません。

二〇〇八年四月二四日の「琉球新報」でも報じられていますが、沖縄は全国有数の埋め立て県です。復帰後三六年間に、なんと与那国島に匹敵する面積の埋め立てがなされ、例えば二〇〇〇年度の場合、全国の四分の一の埋め立てが沖縄県で実施され、沖縄は全国第一位の埋め立て県でした。二〇〇〇～二〇〇七年で見ますと、県土面積に比べた埋め立てによる増加面積の比率で全国第一位が沖縄県です。増加面積の絶対値でも全国第三位です。そして、埋め立て自体が自己目的化し、埋立地の多くが有効利用されずに放置されているのも沖縄の特色です。これなどは、今さえよければ良いという刹那《せつな》主義そのもので、将来世代に説明可能なものとは到底思えません。

こうした埋め立てや陸域での無秩序な開発による赤土等の流出により、沖縄本島周辺のサンゴ礁の劣化は極めて深刻です。地球温暖化による海水温の上昇がもたらしたサンゴの白化も加わって、石垣島と西表《いりおもて》島の間に広がる日本最大のサンゴの海の石西礁湖《せきせいしょうこ》が、二〇〇三年～二〇〇八年のわずか五年の間に三分の二が死滅したと報じられています（「朝日新聞」二〇〇八年九月一〇日）。普天間飛行場代替施設建設事業による辺野古沿岸域の埋め立て、そして「経済的合理性がない」として、那覇地裁が沖縄県と沖縄市の公金支出の差し止めを命じたにもかかわらず止まっていない泡瀬干潟の埋め立てが、こうした事態の悪化をさらに加速することは必定と言えましょう。

あと一つ懸念されることは、普天間飛行場代替施設建設事業によるマイナス影響は、辺野古沿岸域に限定されないことです。この事業の環境アセスメントの手続きの過程で、事業者である沖縄防衛局は沖縄近海で一七〇〇万立方メートルの海砂を採取する計画を明らかにしました。これは沖縄における海砂採取量の一二年分に相当する膨大な量のものです。辺野古沿岸域に限らず、沖縄全域にわたって海の環境を大幅に撹乱《かくらん》する恐れが大です。

二〇〇八年一月一七日の「沖縄タイムス」の論壇に浦島悦子さんが書かれていますが、海砂の採取は砂浜をやせ細らせ、台風時に思わぬ災害を海辺の集落にもたらします。海を大がかりに改変することは、ジュゴンの餌となる海草藻場《もば》を減らすだけでなく、漁業や観光業へも大きな影響を与える恐れがあります。ところが、海砂採取の環境影響評価が不可欠であるにもかかわらず、普天間飛行場代替施設建設事業のアセス方法書ではこれをアセス対象に含めていません。これ一つとっても辺野古のアセスはとんでもない欠陥アセスです。

このように見てきますと、「ジュゴンよりも人間が大事」というのは極めて皮相な見方であり、「ジュゴンはその身をもって人間の未来を守っている」と言うべきではないでしょうか。

❁日本のアセス制度は沖縄から崩れる

本土復帰後の沖縄は、米軍基地が集約され、その見返りとして土木公共事業が集中的に展開されてきました。こうした公共事業は、深刻な環境影響をもたらすと予測されたことから、時には免罪符として利用されるという側面を持ちつつ、数多くの環境アセスが実施されてきました。沖縄では、いわば環境アセスのラッシュ状態が生じていたのです。そして、県内の多くの環境アセスが、限られたアセス専門会社の手で実施されたことから、負の連鎖が生じ、アセス法の精神に反するような手法が拡大し蔓延してきました。いわばそのクライマックスとして、いま実施されているのが辺野古のアセスです。

とんでもない欠陥アセスで辺野古基地がつくられようとしていることに、本土マスコミ、本土国民は至って無関心ですが、それは日本社会を大きく蝕《むしば》むこととなるでしょう。日本社会の維持可能な発展を実現する上で欠かせない仕組みの一つであるアセス制度に、沖縄で大きな穴が開き、その欠陥が日本社会全体にブーメランとなって帰っていこうとしているのです。そこで、辺野古アセスがいかに欠陥アセスであるかについて、少し詳しく見てみます。

辺野古基地建設の事業者は国（防衛省沖縄防衛局）ですが、彼らが現在実施中の環境アセスには、数々の問題があります。第一の問題は、方法書などのアセスメント図書を市民に見てもらおうという積極姿勢が皆無なことです。那覇防衛施設局（当時）でしか閲覧できない、コピーも認められない、情報公開請求の手続きを取ってようやく借り出し、市民団体が複製印刷し、それを市民が購入して意見書を提出するという、インターネットの時代におよそそぐわない縦覧方法が辺野古アセスではとられたのです。関係者で情報を共有し、衆知を結集し、環境を保全しつつ開発を進めるという、アセス法の手続法としての精神を踏みにじったものでした。

第二の問題は、基地をどう使用しようとしているのかという事業の内容が後出しされ、市民にはそれが見えないままアセス手続きが形式的に進められてきたことです。基地を建設するのは日本政府ですが、基地をどう使用するかは米軍の運用であり日本政府は関知しないとして、方法書の欠陥を指摘する市民の声に対し木で鼻をくくったような答弁が繰り返されました。事業内容を示さないでアセスができるはずはありませんので、これですと日本政府が米軍に提供する軍事基地の環境アセスは、論理的にありえないこととなります。

実は日本政府は、米軍がどのように運用しようとしているのか知らないわけではありません。国民に知らせると都合が悪いので知らせないのです。普天間や辺野古、高江に、次期主力機となる垂直離着陸機MVオスプレイ22を配備するのは、一九九六年以来の米軍の既定路線であり、同年一二月の日米特別行動委員会（SACO）最終報告書草案にオスプレイ配備と明記されかけたのです。しかしオスプレイが墜落を繰り返す悪名高い機種であることから、沖縄の地元住民の反発を恐れた日本政府の反対で、この部分が削除されたのです。これはいわば新たなる沖縄密約であり、公然たる秘密なのです。

事業の内容に関する情報が後出しにされるということで言えば、二〇〇七年八月に出された方法書は杜撰《ずさん》極まりないもので、事業内容の説明にわずか七ページしか割り当てられていませんでした。使用される軍用機の機種についても、「米軍回転翼機及び短距離で離発着できる航空機」とわずか一行の記述があるのみでした。あまりのひどさに県知事の諮問機関である県環境影響評価審査会が、事業内容がもっと固まってからやり直すべきだとの厳しい指摘を行ったほどです。それもあって事業者は、二〇〇八年一月に一五〇ページもの追加資料を出すなど事業内容の情報を小出しにしたのです。そして審査会の答申を踏まえた知事意見に対応して二〇〇八年一月、同年三月と二度にわたって方法書を書き直します。しかし、住民たちが意見書を提出できたのは当初の二〇〇七年八月の方法書に対してのみであり、その後の二つの「書き直し」方法書に対しては、アセス法が保障する「質問し注文をつける」権利が奪われたのです。

こうした情報の後出しはいまも続いています。アセスのための調査・予測・評価の結果を取りまとめた準備書が二〇〇八年四月に出されましたが、この段階でも新たに四か所のヘリパッドを建設するとの事業内容が付加されたのです。アセス法は、新たな事業内容が追加された場合は、軽微な変更の場合を除き、方法書手続きに戻って一からやり直すことを求めています。しかし、事業者も、またそれに追随する県も、軽微な変更であると強弁しているのです。

このように事業者もそして県も無理を通すのは、二〇〇六年五月の日米両政府による在日米軍再編ロードマップの合意により、二〇一四年供用開始というゴールがあらかじめ設定され、アセス手続きが無理やりそれに従わせられているからです。これが第三の問題です。

このタイムスケジュールに無理やり合わせるため、アセス法の趣旨に従えば方法書手続きを経て実施すべき調査が、方法書の洗礼なしに二十数億円ともいわれる巨費を投じて実施されました。この事前調査は明らかにアセス法違反です。しかも、あろうことか海上自衛隊の掃海母艦まで繰り出し、非暴力で反対活動を展開する市民を威圧しつつ、夜間にダイバーがジュゴンやサンゴ礁調査の

準備書で新たに明らかになった普天間飛行場代替施設の配置

ための機材を設置することまで行ったのです。こうした無理な作業の当然の結果として、機器の設置でサンゴの損傷が生ずることともなりました。

自然現象には揺らぎがあり、ジュゴンなどの生態の把握なども必要なことから、この事業に関心ある市民、有識者、そして県知事も複数年の調査を要求していましたが、まず二〇一四年というゴールありきと考えている事業者は、複数年調査を実施するともしないとも明言せずに、調査を開始したのです。そして二〇〇八年三月の「書き直し」方法書提出・調査開始から一年が経過した二〇〇九年三月、事業者は調査終了を宣言したのです。

しかし、皮肉なことにこの一年は、台風がまったくなかった一年でした。事業者自らが必要と認めた台風時の調査が欠落し、しかも複数年調査の要望を無視した準備書が、二〇〇九年四月に出されたのです。

❁素晴らしさの原点

沖縄が生きていくためには、その素晴らしい自然を破壊することになるとしても、基地を受け入れ、その見返りとして提供される高率補助による土木公共事業を実施していくしかないのだという考え、押しつけられた常識があります。このあとはこうした押しつけられた常識を環境の視点から覆していきたいと思います。

まず指摘したいのは、沖縄には素晴らしい宝があるのに沖縄の人びとはその素晴らしさをよく自覚していないことです。亜熱帯広葉樹林やサンゴ礁生態系とそこで育まれた生物多様性は、東洋のガラパゴスとも言われるように、世界自然遺産にも登録されるべき素晴らしい自然です。そして、それ以上に素晴らしい沖縄の宝は、その自然の中で育まれた独自の生活文化です。それは長寿を支えた食文化であり、そして非武の文化です。

第二に指摘する必要があるのは、この素晴らしい自然は実は非常に脆《もろ》いということを多くの人びとが知らないということです。本土の温帯環境と異なり、亜熱帯の沖縄の自然は人間の心ない開発圧力に大変に脆いのです。環境容量を超える開発が行われ、このままでは貴重な自然を使い切ってしまいます。やんばるでの無茶苦茶な林道開発、自己目的化した埋め立て、辺野古新基地建設で進

やんばるの森を分断する奥与那林道の工事（撮影／平良克之）

められようとしている海砂の大量採取などがそれです。観光客一〇〇〇万人誘致などというのも暴挙以外の何物でもありません。観光客は住民の三倍の水を消費します。彼らのためにさらにやんばるにダムを作るのでしょうか。ダムを作っても潤うのは本土のゼネコンです。技術力・資金力のない地元の土建業者にはおこぼれしか回ってきません。

第三には、多くの県民、とくに観光業者のみなさんが、9・11を通じて痛感したはずの、基地と観光は両立しないという事実です。誰が好き好んで危険のある場所に観光で行くでしょうか。

いまこそ発想の転換が必要です。たとえばやんばるの森をこれ以上伐ってダムを建設する代わりに、都市内の住宅建設や公共施設の建設の際に雨水タンクの建設を義務付け、それをトイレなどの雑用水として利用するのです。私たちの税金をダム建設に使うのではなく、地元の土建業者も参加できる雨水タンクの建設に補助金を出すのです。そうすれば、都市内に小さな水循環が無数に出来、余った雨水を地下浸透させれば都市の緑化、ヒートアイランド現象の抑制にもつながります。地震などの災害時にも自前の水源が都市内に無数にあり、災害に強い町になります。やんばるのダムからの送水パイプは、震災時には寸断される恐れが大だからです。塩素の錠剤を常備しておけば、飲むことも可能です。

新しいツーリズムの提案

先に述べたように、沖縄は全国一とも言われるほどの埋め立て県で、自然海岸が急速になくなっています。土建業者の生活のために公共事業が不可欠と言われていますが、これからは自然破壊型の公共事業ではなく、自然再生推進法等を活用して人びとが水に親しめるような親水型護岸への改修、近自然工法の採用などによって破壊した自然を修復する公共事業を推進すべきです。数少ない林業者を口実にして、際限なく林道建設を進めることはやめるべきです。

こうした地域密着型・自然再生型の公共事業には、地元の土建業者のみなさんが参加できるはずです。林業者のみなさんには、適切な訓練プログラムを経て森林ガイドになっていただくような転身・発展の道を考えるべきです。農業者のみなさんにも、ホームステイなど長期滞在型の農業体験を通じて、沖縄の食文化を知ってもらうグリーンツーリズムへの展開の可能性があるでしょう。漁業者のみなさんも、すでに実践されていますが、漁村に滞在して漁業体験などを行うブルーツーリズムへの展開をさらに追求すべきでしょう。

つまり、農林漁業者のみなさんには、エコツーリズムへの発展という形で、生業の転換を通じて持続可能でより活力のある農林漁業へと変身していくことが可能となるでしょう。その際には、エコツーリズム推進法の積極的な活用が望まれます。

以上のことから結論するならば、辺野古の新基地建設は、復帰後三期三〇年にわたる沖縄振興開発計画ならびに、現在の沖縄振興計画のもとで際限なく進められてきた海の破壊、沖縄の自然環境の破壊をさらに進めるものであり、維持可能な沖縄社会の実現にとって取り返しのつかない大打撃となるものです。近世沖縄が、一七世紀末から一八世紀初頭にかけて直面した破局寸前の生態学的危機にも匹敵する危機に、いま私たちは直面しているのです。

もちろん現代は羽地朝秀や蔡温の時代とは異なり、沖縄の社会も経済も外に開かれています。外に開きながら、同時に沖縄の素晴らしい自然環境や社会文化を使い潰《つぶ》さない、外の力に使い潰されない環境の管理が、いまこそ私たちに求められているのではないでしょうか。

＊羽地朝秀と蔡温の政策については、「蔡温の資源管理政策―琉球環境経済史の試み：農務帳と林政七書を中心に」（三輪大輔：二〇〇七年度京都精華大学人文学研究科修士論文）を参考にしました。

高文研
人文・社会問題
出版案内
2022年

無名東学農民軍慰霊塔　韓国全羅北道古阜　（富士国際旅行社提供）

KOUBUNKEN
高文研
ホームページ https://www.koubunken.co.jp
〒101-0064 東京都千代田区神田猿楽町2-1-8　三恵ビル
☎03-3295-3415　郵便振替 00160-6-18956

この出版案内の表示価格は本体価格で、別途消費税が加算されます。

ご注文は書店へお願いします。当社への直接のご注文も承ります（送料別）。なお、上記郵便振替へ書名明記の上、前金でご送金の場合、送料は当社が負担します。

【教育書】の出版案内もございます。ご希望の方には郵送致します。
◎各書籍の上に付いている番号は【ISBN 978-4-87498-】の下4桁になります。

◈日本と世界を考える◈

755-1
イギリス労働党概史
本間圭一著　3,000円
イギリス二大政党の一翼を担う労働党の誕生から現在までを概観し、政権奪取の要因を読み解く。

633-2
知ってほしい国 ドイツ
新野守弘・飯田道子・梅田紅子編著　1,700円
ドイツとはいったいどういう国柄なのか？ もっと深く知りたいドイツを知る入門書！

378-2
ドイツは過去とどう向き合ってきたか
熊谷　徹著　1,400円
「ナチスの歴史」を背負った戦後ドイツの、被害者と周辺国との和解への取り組み。

607-3
国のために死ぬのはすばらしい？
ダニー・ネフセタイ著　1,500円
イスラエルの元空軍兵士が日本に根を張って40年。〝イスラエル化する日本〟への提言！

283-9
イスラエル・パレスチナ 平和への架け橋
高橋和夫・ピースボート著　1,600円
イスラエルとパレスチナの若い男女がピースボートの船上で共存への道を語り合う。

430-7
知ってほしい アフガニスタン
レシャード・カレッド著　1,600円
祖国の復興を願う日本在住のアフガニスタン人医師が伝えるアフガンの歴史と「現在」。

799-5
増補版 プーチン政権の闇
林　克明著　1,700円
テロや暗殺でその基盤を固めたプーチン政権の推移と、ウクライナ開戦に至るまでの背景を探る。

320-1
チェチェンで何が起こっているのか
林克明・大富亮著　1,800円 品切れ中
ジャーナリストとウォッチャーが伝える、壮絶なチェチェン戦争の本質。

417-8
チェチェン民族学序説
ムサー・アフマードフ著　今西昌幸訳　2,500円
チェチェン民族の世界観、宗教観、先史時代から受け継ぐ「慣習」がいま明らかになる。品切れ中

371-3
反米大統領チャベス
●評伝と政治思想
本間圭一著　1,700円
アメリカの大統領を「悪魔」とののしったベネズエラの指導者の素顔に迫る。

344-7
カナダはなぜイラク戦争に参加しなかったのか
吉田健正著　1,900円
アメリカとは〝一心同体〟と見られるカナダが共同歩調を取らなかった背景とは？

562-5
日本の柔道 フランスのＪＵＤＯ
溝口紀子著　1,700円
日仏の柔道を経験した五輪メダリストによる、利権と暴力がはびこる柔道ムラ解体宣言！

412-3
私たち、「何じん」ですか？
●「中国残留孤児」たちはいま…
樋口岳大・文／宗景正・写真　1,700円
帰国した日本でも疎外され苦難を強いられる中国残留日本人孤児たちの「いま」。

365-2
中国残留日本人
大久保真紀著　2,400円
敗戦の混乱で「満州」に置き去りにされた残留婦人・孤児が辿った苦難の道のり。

396-6
日中の経済関係はこう変わった
関山　健著　1,700円
新段階に入った日中経済関係の背景を分析、ポスト円借款時代の関係を展望する。

270-9
我愛成都
●中国四川省で日本語を教える
芦澤礼子著　1,700円
中国・成都で日本語を教えて6年、素顔の中国と教え子たちの現在・過去・未来を紹介。

674-5
橋の下のゴールド
●スラムに生きるということ
マリリン　グティエレス著・泉康夫・訳　1,400円
フィリピン・マニラ市内の橋の下のスラム。極貧にあえぎながらも助け合って生きる人々に密着。

215-0
アジア各国事情
ヘン・キムソン画・田村宏嗣解説　1,500円
痛快無比！ 国連漫画コンテストで優勝した鬼才の描いた異色のアジア風刺漫画。

この出版案内の表示価格は本体価格で、別途消費税が加算されます。

◈ 平和憲法を読む ◈

658-5
憲法ドリル ●現代語訳・日本国憲法
中村くみ子編著
難しいと思っていた憲法も、ざっくり読んでゆるりと学び、楽々わかって目からウロコ！
1、200円

189-4
劇画日本国憲法の誕生
古関彰一著　勝又進画
日本国憲法の誕生を、漫画家と憲法研究者が組んでダイナミックに描く。
1、500円

242-6
【資料と解説】世界の中の憲法第九条
歴史教育者協議会編著
戦争違法化・軍備制限をめざす宣言・条約・憲法を集約した、使える資料集。
1、800円

185-6
日本国憲法 平和的共存権への道
星野安三郎・古関彰一著
「平和的共存権」の提唱者が、世界史の文脈の中で、平和憲法への核心を説く。
2、000円

704-9
9条改憲 48の論点
清水雅彦著
そもそも憲法とは何かから、自民党の「憲法改正」案まで、知っておくべき48の論点を提示する。
1、200円

525-0
憲法を変えて「戦争のボタン」を押しますか？
清水雅彦著
国民主権を破棄する自民党改憲案の危険性を批判。現行憲法との条文対照表付き。
1、200円

184-9
日本国憲法を国民はどう迎えたか
歴史教育者協議会編著
新憲法公布・制定当時の全国各地の動きと人々の意識を明らかにする。
2、500円

532-8
秘密保護法は何をねらうか
清水雅彦・半田滋・臺宏士著
民主主義を破壊する稀代の悪法が成立した背景と問題点を具体的に批判・検証する。
1、200円

084-2
国家秘密法は何を狙うか
奥平康弘・序　前田哲男ほか著
世論の力で廃案となった国家秘密法の狙い、スパイ天国論の虚構を打ち砕く。
780円

286-0
有事法制か平和憲法か
梅田正己著
有事法制を市民の目線で分析・解説、平和憲法との対置でその本質を解き明かす。
800円

411-6
9条で政治を変える 平和基本法
フォーラム平和・人権・環境編
今こそ、9条を現実化し、政策化すべき時だ。護憲運動の新たな展開を構想する。
1、000円

712-4
Let us think about Kyujo!
奈良勝行・瀧口優著
憲法9条について考えてみませんか！　憲法も学べ、英語授業の素材として最適の一冊。
1、400円

415-4
無防備平和
谷百合子編
9条を守れ！から一歩前に進む。無防備地域宣言運動の可能性をさぐる。
1、600円

491-8
イギリスで「平和学博士号」を取った日本人
中村久司著
苦学を重ねて英国で平和学の研究者となった著者の波瀾万丈の半生。
1、800円

この出版案内の表示価格は本体価格で、別途消費税が加算されます。

歴史の真実を探り、日本近代史像をとらえ直す ◈

739-1
明治維新の歴史
梅田正己著
近代日本の出発点を「脱封建革命」と「近代天皇制国家の成立」に分けて捉え直した新視点。
2、400円

621-9
日本ナショナリズムの歴史 I
「神国思想」の展開と明治維新
梅田正己著
日本ナショナリズムの軸となる天皇制の古代からの歴史と、その復権への道程を描く。
2、800円

622-6
日本ナショナリズムの歴史 II
「神権天皇制」の確立と帝国主義への道
梅田正己著
自由民権運動、軍人勅諭、教育勅語、憲法の制定を通してナショナリズムの骨格を描く。
2、800円

637-0
日本ナショナリズムの歴史 III
「神話史観」の全面展開と軍国主義
梅田正己著
「無謀な戦争」へと突き進んだ「神国ナショナリズム」が国を席巻した時代を描く。
2、800円

638-7
日本ナショナリズムの歴史 IV
国家主義の復活から自民党改憲草案まで
梅田正己著
敗戦で消滅した日本ナショナリズムは、日米安保の強化とともに復活、その過程を描く。
2、800円

746-9
幕末から明治期「三井」の基礎を築いた 三野村利左衛門の生涯
永峯光寿著　三野村暢禧編
渋沢栄一と共に日本の銀行制度作りに奔走し、激動の明治に名を刻んだ三野村利左衛門の人物伝。
3、000円

395-9
石碑と銅像で読む 近代日本の戦争
歴史教育者協議会編
幕末からアジア太平洋戦争まで、近代日本の「戦争」を各地に残る石碑や銅像で読み解く。
1、600円

495-6
伊藤博文を激怒させた硬骨の外交官 加藤拓川
成澤榮壽著
師は中江兆民、親友に秋山好古、正岡子規の叔父で後見人の拓川（たくせん）の評伝。
3、000円

689-9
「西郷隆盛」を子どもにどう教えるか
山元研二著
評価が難しい西郷隆盛を授業でどう使い子どもに教えるか？　様々な角度から迫る。
1、500円

747-6
JUSTICE 中国人戦後補償裁判の記録
中国人戦争被害賠償請求事件弁護団編著
中国人たちの思いを受け止め、司法の高い壁にたたかいを挑んだ日本の弁護士・市民の記録。
2、500円

559-5
日中歴史和解への道
松岡肇著
全ての裁判で事実が認定された戦争犯罪の責任を認め、補償の道すじを説く。
1、500円

570-0
日韓会談1965
吉澤文寿著
長年未公開だった日韓会談の交渉記録約10万点の史料を分析した画期的な研究成果。
2、200円

の出版案内の表示価格は本体価格で、別途消費税が加算されます。

763-6
沖縄平和ネットワーク 大島和典の
歩く 見る 考える沖縄
大島和典著 1、600円
沖縄平和ガイドのスペシャリストが、「沖縄の見方・歩き方」の奥義を伝授する！

529-6
新・沖縄修学旅行
梅田正己・松元剛・目崎茂和著 1、300円
沖縄戦を、基地の島の現実を、また沖縄独特の歴史・自然・文化を豊富な写真で解説。

372-0
修学旅行のための沖縄案内
目崎茂和・大城将保著 1、100円
亜熱帯の自然と独自の歴史・文化を持つ沖縄を、元県立博物館長と地理学者が案内する。

778-0
首里城地下
第32軍司令部壕
牛島貞満著 1、500円
首里城の復興・再建が注目される今、地下司令部壕を戦争遺跡として保存・公開を提案する。

634-9
沖縄からアメリカ 自由を求めて！
画家 正子・R・サマーズの生涯
正子・R・サマーズ著 1、600円
身売りで遊廓へ、沖縄戦を生き抜き、戦後渡米して画家となった女性の壮絶な一代記。

806-0
沖縄「平和の礎」はいかにして創られたか
高山朝光・比嘉博・石原昌家編著 1、700円
沖縄戦戦没者の名前を国籍を問わず刻銘する「平和の礎」。未来に繋ぐ想いと課題を提言する。

539-7
法廷で裁かれる日本の戦争責任
瑞慶山 茂責任編集 6、000円
戦後、日本の裁判所に提訴された戦争責任を巡る50件の裁判を解説。

592-2
法廷で裁かれる沖縄戦【訴状編】
瑞慶山茂編 5、000円
沖縄戦を遂行した国を被告に、沖縄戦民間被害者が初めて提訴した国家賠償訴訟の全貌を「訴状」で明らかにする。

596-0
法廷で裁かれる沖縄戦【被害編】
瑞慶山茂編 5、000円
沖縄戦民間被害者が提訴した国賠訴訟の全貌を、79名の原告の被害の詳細な陳述、PTSD等の精神被害の実態で明らかにする。

645-5
法廷で裁かれる南洋戦・フィリピン戦【訴状編】
瑞慶山茂編 5、000円
多くの民間人玉砕の戦場となった南洋戦・フィリピン戦。戦争を遂行した国を被告にした訴訟の全体像を、「訴状」から読み解く。

655-4
法廷で裁かれる南洋戦・フィリピン戦【被害編】
瑞慶山茂編 5、000円
国賠訴訟45名の陳述書、さらに戦争に起因する精神被害と診断された28名の診断書・鑑定書から、今も続く戦争被害の重さを伝える。

794-0
沖縄発 記者コラム
沖縄の新聞記者
琉球新報社＋安田浩一編著 1、800円
誰のために、何を、どのように書くか。沖縄の記者たちの等身大の姿がここにある。

240-2
沖縄一中鉄血勤皇隊の記録（上）
兼城一編著 2、500円
14～17歳の〝中学生兵士〟たち「鉄血勤皇隊」が体験した沖縄戦の実相。

351-5
沖縄一中鉄血勤皇隊の記録（下）
兼城一編著 2、500円
〝鉄の暴風〟下の戦闘参加、戦場彷徨、捕虜収容後のハワイ送りまでを描く。

449-9
米軍政下の沖縄
アメリカ世《ゆー》の記憶
森口豁著 1、600円
日本が高度経済成長へ走り始めた頃、沖縄は米軍政下だった。その時代を写真で語る！

682-0
沖縄処分
台湾引揚者の悲哀
津田邦宏著 2、800円
一九四五年敗戦時、沖縄は三度目の処分をされた。日本政府の一貫した沖縄軽視の姿勢を検証する。

603-5
沖縄・憲法の及ばぬ島で
川端俊一著 1、600円
戦後の沖縄を新聞記者はどう伝えてきたのか。朝日新聞紙上で連載された「新聞と9条―沖縄から」を基にして、加筆・再構成して刊行。

581-6
まちかんてぃ！動きはじめた学びの時計
珊瑚舎スコーレ編著 1、700円
沖縄戦、戦後の混乱、貧困…60年待ち続けた学べる喜びをいま、かみしめる希望の学校！

542-7
沖縄・高江やんばるで生きる
森住卓 写真・文 三上智恵・解説 2、000円
沖縄の心に寄り添う写真家が、沖縄・高江の人々の暮らしを追うフォト・ドキュメント。

519-9
琉球の聖なる自然遺産
野生の鼓動を聴く
山城博明 写真 花輪伸一 解説 3、800円
沖縄の動植物、昆虫から風景まで、カラー写真200点でその素晴らしき自然を紹介。

125-2
沖縄 海は泣いている
吉嶺全二 写真・文 2、800円
長年の海中〝定点観測〟をもとに、サンゴの海壊滅の実態と原因を明らかにする。

346-1
夜間中学の外国人
宗景正 写真・文 1、800円
夜の公立中学に学ぶ平均年齢70歳の在日韓国・朝鮮人や中国残留孤児の素顔を記録。

…って引き裂かれる森、生物、人々を追…

470-3
新版 セミパラチンスク
●草原の民・核の爪痕
森住卓 写真・文 2、000円
旧ソ連の核実験での半世紀に及ぶ放射能汚染の実態を、現地取材・撮影で伝える。

308-9
中国人強制連行の生き証人たち
鈴木賢士 写真・文 1、800円
戦時下、日本に連行された中国人の苛烈な実態を、生き証人の姿と声で伝える。

446-8
まったけ山〝復活させ隊〟の仲間たち
里山再生を楽しむ
吉村文彦＆まったけ十字軍運動編著 1、600円
まったけ山復活、里山再生を願いユニークな活動を続ける人々の5年間の記録。

661-5
増補改訂版 知らずに食べていませんか？
ネオニコチノイド
水野玲子編 1、500円
毎日食べているお米や野菜・果物に使われている農薬について、いま知っておきたいこと。

530-
●ニホンミツバチ飼育実践集
御園孝編 2、000円 品切れ中
蜂ガール、蜜蜂仙人など全国29人の養蜂家が綴ったニホンミツバチ飼育実践記。

619-6
生態系の王者 オオスズメバチ
DVD付き
●ミツバチを飼う人のために
御園孝著 2、500円
オオスズメバチを知れば養蜂も一層楽しくなる！オオスズメバチのすべてをDVDとともに。

798-8
ニホンミツバチが日本の農業を救う 新装版
久志冨士男著 1、700円
日本の自然を太古から守ってきた野生種のニホンミツバチ。その生態の不思議に迫る。

500-7
虫がいない 鳥がいない
久志冨士男・水野玲子編著 1、500円
百群以上のミツバチが突然絶滅した。ネオニコチノイド系新農薬の恐ろしさを警告する。

44
近代日本の戦争
梅田正己著 1、800円
台湾出兵から太平洋戦争まで日本近代史を「戦争」の連鎖で叙述した新しい通史。

問われる沖縄の「自治の力」

沖縄国際大学教授［地方自治・アメリカ政治］
佐藤　学

❁県・市町村の政策立案に対沖縄政策が与えてきた影響

復帰後の沖縄は、沖縄振興開発特別措置法体制で、社会資本整備が進む一方で、「自治力」と呼ぶべき、住民と自治体が自らの地域を運営していく力が削がれてきた。米国支配の下で立ち遅れていた民生部門の社会資本整備を急ぐ必要は自明のものであり、振興体制に正当性があったことは疑いないが、高率補助金による公共事業偏重の地方行政が、自治体と住民から自治の構想力を奪ったことも明らかである。

このような公共事業・箱物建設に特化した自治体運営のあり方は、一九八〇年代以降、米軍基地を安定的に置くための仕掛けという性格を強めていく。他方、沖縄経済が、復帰までの「消費」に傾斜したあり方からの脱却が出来ないまま、公共事業が地域経済を支える基幹産業化し、自治体運営は、国から公共事業予算を獲得し、それにより地域に雇用を作り出し、経済的波及効果をもたらすことに集中することとなった。結果的に自治体の政策立案能力が衰退し、地域住民の意識も公的支出の受け手として存在のみになっていった。

とりわけ中部以北の自治体は、基地に由来する移転財源が拡大し、また自治体自体が受ける軍用地料も巨額なため、基地への地域の依存は近年より強まることとなった。他方、国・地方を通じた財政危機の進行が、「安定」した基地収入を強く求める状況を生み出してもいる。

◎沖縄経済の「自立」とは何か?

このような状況を考えると、国からの財政移転は、自治力を損ね、基地への依存を強める効果しかなく、削減していくことが望ましいという結論が引き出されるかもしれない。そのためには、沖縄の経済的「自立」が必要であり、また、自立を求めるためには国への財政依存を弱めていくべきである、との考え方である。理念の上で、自立を求めることに何ら疑念はないが、「自立」とはどのような状況なのか、何をもって「自立」と呼ぶべきかは、慎重に検討する必要がある。

沖縄の地理的条件、自然環境、市場規模を考えた場合に、沖縄で成立可能な産業には限界がある。例えば工業については、利用出来る天然資源に乏しく、市場への距離が遠いという条件と、円経済では近隣諸国と比較した場合の人件費が高く、競争力が全くないといった条件を考えた場合に、工業で成功する可能性は非常に低い。農業に関しては、大量生産型の農業には適さず、また、天候が厳しい条件となることも所与である。バイオ・エタノール目的のさとうきび生産には、沖縄の耕地面積では小さすぎ、国際市場での競争力は持てない。沖縄での商業開発も、限られた商圏での顧客の奪い合いになることから、基地跡地利用への過大な期待は持つべきではない。

そもそも、外海離島県である以上、生活の費用が高くなることは避けられない。医療や福祉のような生存権を保障するための施策や、教育を維持する上で、経済的に弱い地域に対する国からの財政支援は、当然の権利である。社会資本整備においても、同様の制度は、地域間競争による地域の自然淘汰を望むべき方向とする米国のような例外を除けば、いわゆる先進国では当たり前のものとなっている。

沖縄の経済的自立とは、元来不可能な「独立」「自給自足」を目指すのではなく、自分達で、地元の条件に合った経済・産業政策を作り出し、「より良い」方向へ進む自己決定が可能である状態である。その上で、地方交付税交付金制度が特定政策への誘導的補助金になっている現状から、交付金本来の姿である、自動的補填を目的とする財政力の不均衡を正すものに戻さねばならない。現在、政府が進めている道州制改革は、交付金、補助金を廃止し、その穴埋めを道・州への権限委譲により、各地域の創意工夫で産業を興して埋めよ、という、首都圏以外では実現不可能な政策を志向している。全国的な生活条件を下支えすることは、国の政府の責務であり、国がそれを放棄すれば、自立どころではなくなる。

沖縄では、当然の権利としての財政移転が、全て基地との交換と考えられているのではないだろうか。基地がなければ食べていけないという県民の懸念は、権利として確保されるべき施策までもが、基地との交換で国が与えている恩恵であると思い込まされているために、なおさら強められている。

では、現在のままの振興体制を続けるべきなのか。振興体制が造りだしてきた社会資本に近年無駄が多いことは、広く認知されている。ここでの自立とは、住民と自治体が、中央省庁の提示する補助事業を唯々諾々と受け容れることなく、地域の実情に合った公共政策を作り出せる能力を獲得することを意味する。また民間企業が、公共事業依存ではない、沖縄の比較優位を活かせるような経営を行う能力を持つことである。「自治力」の衰退と、民間経済の公共投資・特別措置依存がここまで進んでしまった中で、このような自立を実現することは非常に困難であるが、一歩一歩それに向けた努力を重ねていかねば、沖縄の将来は基地への「隷属《れいぞく》」を自ら欲するところに向かいかねない。

非効率な事務執行のあり方を見直し、費用への意識を持つことは、どのような環境になろうと行政が行わねばならない改革である。公共部門の改革は、これまで、公共の限りない削減と市場原理の貫徹を目指すものであった。民間企業のあり方を理想とし、「政府」を民間のようにすることが行政改革の目的であった。しかし、本来行政・公共部門の効率を上げるのは、公共が担わねばならない責務を果たす能力を確保するためである、との認識が欠如しているために、市場原理を貫徹させ、「無駄」を削減すること自体が目的化してきた。

日本では政府部門以外が提供する「福祉サービス」が、公的支出による福祉政策の欠落部分を補《ほ》填《てん》してきた。企業の福利厚生や家庭の負担で担われた部分が大きかったために、国民負担率が米国に次いで先進国中では最低である条件の下、公的な構造としての福祉国家体制が弱くとも、不満・不安は噴出してこなかった。それが、民間部門が、保護された国内市場を失うとともに、福利厚生を供給する余力を失い、また少子高齢化の進展が家庭への負担を限界まで高めた現状では、日本社会は公的な福祉政策による防御なしに市場の圧力に直接対峙せざるをえなくなっている。

欧州では福祉国家が弱体化しつつも、なんとか保護を維持すべく苦闘し、米国では福祉の欠落部分を、全く不十分とはいえキリスト教の慈善で埋めるという形がある。日本にはそのどちらもないにもかかわらず、政府部門の削減が至上目的化している。公共が担い続けるべき責務は何かの議論をしなければ、日本では社会の分断、地域コミュニテイの破壊を止める術がない。経済力が弱い沖縄では、その弊害が最も強く現れることとなる。

❁沖縄県の行財政に課せられてきた重すぎる期待

公共事業依存の体質から、沖縄では県知事選挙でも市長選挙でも、失業率の改善が政策・争点となっている。しかし、公共が市場に対して直接行使できる影響力は、非常に限られており、そもそも首長がこの分野で出来ることは少ないことを認識すべきである。自治体には民間企業の経営を直接左右することは出来ないし、また自治体自体が市場に主体として参入し雇用を創出することも出来ない。自治体が責任を持って創出できると言える雇用とは、職員の増員と、民間への事業委託によるものでしかない。それらが失業率を大きく引き下げるような数にならないことは明らかである。企業誘致を政策として公約しても、その決定は民間企業の手にある。土地開発公社が保有する「塩漬け」の用地が、全国の自治体に巨額の財政負担を強いている状況を考えるべきである。

経済自立が政策目標として強調され過ぎてきたことが、首長への過大な期待が維持されてきた背景であり、自立という不明瞭な目標設定が、実行不可能な政策をどの候補者もが提示する状況を生み出しているのではないだろうか。

では、県・市町村にできることは何なのか。経済・産業の分野で可能なのは、情報収集・調整の役割であり、「方向」を示す政策を提案することまでである。民間企業の弱い沖縄では、こうした分野に民間が投入できる資源は限られている。行政が関わるのは、民間のみでは困難な調整役であり、そこから新たな産業の可能性を見出す役割である。市場《しじょう》に任せるべきではない財の供給が第一の責務であり、次いでこのような産業の方向性を示す役割を果たす。それ以上の役割を県・市町村に負わせても、それは不可能である。

こうした過大な期待に応えなければならないという圧力が、新基地建設を受け容れることによって雇用を創出する政策の背景にある。基地受け入れに伴って今後与えられる米軍再編推進交付金は、沖縄の自治体から自治の構想力をさらに奪い、全ては基地との交換であるとの判断を強めることとなる。

◎沖縄での自己決定志向の弱体化

沖縄の自治体が、戦後初めて自ら望んで米軍基地の建設を受け容れるに至った二〇〇六年四月以降の状況を、高レベル放射性廃棄物最終処分場問題と比較してみると、沖縄がどれだけ追い込まれ、またどれだけ自己決定の能力と意思を奪われてきたかが明らかになる。

高レベル放射性廃棄物処分場は、原子力発電から出る最終的な廃棄物を地中深くに保管する施設である。使用済み核燃料の再処理をして、再び燃料として使用できるウラニウムやプルトニウムを取り出した後にも、放射能が非常に強い廃棄物が残る。それをガラスで固め、ステンレス製の容器に入れて冷却した後、処分場に半永久的に保管するというのが、この施設の目的である。

放射能が危険のない水準に減衰するまで、数千年、あるいは数万年もの間、廃棄物を保管する必要があるため、非常に危険な施設であり、当然、処分場を受け容れる自治体を見出すのは困難である。二〇〇〇年に策定された特定放射性廃棄物の最終処分に関する法律に基づき、原子力発電環境整備機構は、二〇〇二年に処分場概要調査地区公募制度を作った。応募して「文献調査」を受け容れた自治体には、電源立地地域対策交付金を交付するという条件である。これは、当初は年間二億一〇〇〇万円であったものが、二〇〇七年からは、年間一〇億円、二年限度で最大二〇億円に増額された。本格的な調査ではない段階で、二〇億円もの交付金が受けられるということで、全国で約一五自治体が受け容れの検討を開始したと見られている。

その中で、高知県東洋町は、二〇〇七年一月に町長が県知事の反対にもかかわらずに調査受け容れを表明し、住民の意思を問うとして辞任した。それを受けた同年四月の選挙では、受け容れ反対派の新人が現職の二倍以上の票を取って勝ち、公募は取り下げられた。秋田県上小阿仁《かみこあに》村は、二〇〇七年七月に村長が文献調査応募を表明したが、村議会が満場一致で反対決議を可決し、ここでも応募はされなかった。滋賀県余呉《よご》町では、二〇〇六年九月に町長が応募を表明したが、住民の強い反対運動のため、翌年一月の選挙には出馬できず、後継者と目された候補者も反対派の候補者に敗れて、応募への動きは終わった。

これらの自治体はいずれも過疎地にあり、財政力が脆弱《ぜいじやく》である。限界集落を抱え、有力な産業もなく、三位一体改革による地方交付税交付金の削減により、致命的な打撃を受けてきた。そのような自治体で、将来、現実に処分場が建設されなくとも、「文献調査」だけで二年間二〇億円という大きな交付金が得られるのであるから、首長たちが応募を考えた背景は容易に伺える。例えば余呉町は、前町長の下で、豪雪地帯である不利益を覆すために町内で三〇キロ近い道路融雪装置を設置し、また早くから公共ケーブルTVを利用したインターネット回線を開設し、若年層の定住を目指した。多くが効果を上げていないものの、補助金による観光施設建設も行ってきた。しかし、広大な山地を抱え、集落が山奥から順に放棄・閉鎖されていくような社会環境の中、最後の手段としてこの公募による交付金を受けようとしたのである。

町長は、余呉町の地下には活断層があるために、立地されることは絶対にないと主張し、また立地されなくとも、文献調査のために受けた交付金を返還する必要はないとの言質を資源エネルギー庁から得ていると公言していた。それにもかかわらず、住民は反対したのである。ここには、受け容れるべきでない危険な施設は、どのような経済利益が見返りとして提供されても拒否する、という、明瞭な住民の意思表示がある。全国で応募を検討していると報道されている自治体は、いずれも過疎地の財政困窮自治体である。そのいずれでも、これまでのところ二〇億円のアメでは、危険な高レベル廃棄物処分場を受け容れる決定に至っていない。

日本のエネルギー政策にとり、高レベル廃棄物処分場の建設は、「トイレなきマンション」と呼ばれ続けてきた原子力発電を維持するために、必要度が高い施策である。廃棄物は各原発に貯蔵されてきたが、近いうちに場所がなくなる。処分場の建設は「国策」なのである。だからこそ、文献調査のみに二〇億円もの交付金を出し、立地が決定すれば、さらに巨額の財政支援が約束されているのである。にもかかわらず、住民はこれを拒否してきている。拒否した自治体の財政力は、やんばるの自治体よりも弱い。それが何を意味するのかは、明白であろう。

◎沖縄の自治：その希望の芽

このように、沖縄の自治は、住民も自治体も、基地由来の財政移転に依存しなければ生きていけないと考える状態に追い込まれてきた。本来、受け容れたくはない新基地も、補助金・交付金目当て、公共事業目当てで、受け容れなければならないとの考え方を、国により強いられてきた。しかし、この仕組が恒久的に続く保障はどこにもなく、日米政府の財政難を鑑《かんが》みると、進んで基地を欲する沖縄に対する政治的支出は、今後削減される可能性が高い。そうなれば、沖縄の自治は支えを失い崩壊しかねない。

しかし、沖縄には、先駆的な自治を構想した、輝ける先例がある。一九七三年に名護市が策定した第一次総合計画・基本構想に盛り込まれた思想、広く「逆格差論」として知られる考えを、地域社会と自治が危機に瀕している今こそ読み直す必要がある。

自然を活かし、地元の産業を活かし、外部からの投資に過度に依存しない地域経済のあり方を追求したこの構想は、環境問題が重大な政策課題となっている現在、その意味が初めて理解出来るのかもしれない。

「逆格差論」を生み出した理念は、作られた依存経済の中で最も強い圧力を受け、変容してきた名護市においても、まだ脈々とした底流として流れている。一九九七年の基地受け容れに関する市民投票と、二〇〇一年の市長選挙候補者公募運動は、いずれも期待した結果にはつながらなかったものの、全国的にも先駆けとなる自治力の発揮であった。沖縄の将来像、その希望の芽は、足元にある。

脱依存型の企業マインド
——ものづくり取材の現場から

琉球新報記者［経済部部長待遇］
松元　剛

❁「本土資本を太らせる」沖縄振興予算

全国最低の所得水準から脱せず、全国の倍の失業率にあえぐ沖縄。戦後二七年間の米軍統治下に置いたことへの「贖罪《しょくざい》意識」も加わり、一九七二年の施政権返還以来、政府は巨額の沖縄振興予算を投入してきた。

その九割を占める「振興開発事業費」をみると、大田昌秀県政下の一九九八年の約四四〇〇億円をピークに減り続けている。〇八年にはピーク時の約四四パーセント減の約二二六〇億円にまで減った。これは、一九九一年の水準である。

内閣府の沖縄担当部局は「一九九〇年代末からの公共事業費の削減は、沖縄だけに限ったものではない。全国的な傾向」と説明している。「沖縄の社会資本整備は進み、全国並みの水準まで達した。公共事業費の削減は当然の流れ。沖縄だけを優遇できない」とする見方は、沖縄にかかわる政府部内では共通認識になりつつある。また、県内の自治体でも公共事業費削減の流れはいかんともし難いとの認識が深まっている。

本来であれば、経済が脆弱《ぜいじゃく》な沖縄の地域振興のために始まったはずの「沖縄振興策」は、少女暴行事件が起きた一九九五年以来の基地問題の激動期を経て、基地の県内移設の受諾の是非と明確に関連づけられるようになった。各種世論調査で、米軍基地の整理縮小を求める世論が常に九割を占め、焦点である普天間飛行場の名護市辺野古沿岸域への移設に対しても、総じて県民の七割が反対する状況の中、基地反対の世論を抑える「アメ」と政府の方針に従わない際は減額される「ムチ」としての性格を濃くしている。

公共事業への依存度が高く、中小零細企業が多い沖縄では、政府が巨額の資金を投下しても、その大半が本土企業や海外資本に回収される「負の悪循環」（沖縄県建設業協会幹部）に歯止めがかからず、沖縄の企業は下請けや孫請けに甘んじる構図が温存されてきた。

一方、「沖縄振興のための予算が本土資本を太らせる」（県中小企業団体中央会幹部）構図の中で、国、県の公共事業に依存せず、技術力や独創性、先見性のある戦略を武器に活路を開いている県内企業も着実に増えている。本稿では、脱依存の前提としての基地返還の経済効果を実証しつつ、行政依存型とは正反対の経営の舵取りをし、あるいはそれと決別して、独自の技術力や経営力を発揮している企業経営者たちの姿をレポートしたい。

❁基地内外の「経済効果」

「脱依存」の前提として、基地の内外の経済効果の差と、返還跡地が生み出す経済効果について触れたい。

「沖縄は基地がないとやっていけない」「沖縄さんは、米兵の事件・事故が起きる度に抗議の拳を突き上げるくせに、もう片方の手の平は上に向けて金を要求しているんじゃないのか」――沖縄には基地が必要、基地がないと経済が成り立たないという先入観は東京・永田町や霞ヶ関ばかりでなく、県外に根深く広がっている。

それに加えて、近年は北部振興策や沖縄振興策と基地問題のリンクが明確になり、事件・事故に対する県内自治体や議会の抗議の意思表示さえ、金目当てではないかと邪推する誤った見方が政府内にある。それもかなり高位の立場にある者が平然と口にする。基地経済から脱皮しつつあることに目をそむけ、意図的に「基地経済に今なお呪縛されている沖縄」のゆがんだイメージを振りかざし、沖縄蔑視に近い見方を発する官僚もいる。政府の方針に沿わない沖縄側へのいらだちを、すぐに経済問題と結びつけて論難する傾向が目立っている。

だが、基地が返還され、跡地が有効活用されれば、その経済効果は比較にならないほど大きくなる。まず本土にはあまり報じられていないそのデータを、まとめてみたい。

興味深いデータがある。基地の内と外での経済効果を長く経済や基地報道に携わってきた琉球新報経済部長・普久原均氏が試算したものだ。

浦添《うらそえ》市の牧港《まきみなと》補給地区（キャンプ・キンザー）は、国道58号の西側から海岸沿いの二七三・三ヘクタールを占めている。国道を挟んだ市街地側にはひしめくように民間の企業や住宅が建ち並ぶ。まず牧港補給地区の存在から生じる二〇〇五年度の基地関連収入（軍用地料、基地従業員の給与、市町村へのさまざまな交付金、軍人・軍属の消費支出など）は、一九九億八〇〇〇万円余で、一ヘクタール当たりの生産高は七三〇三万円になる。

一方、浦添市全域の面積は一九〇六ヘクタールで、〇三年度の市内純生産額は約二七二九億円だった。これらの数字から基地面積と基地収入を差し引いて、一ヘクタール当たりの生産高を弾き出すと、一億五四九七万円となる。県都・那覇市の北隣に位置し、人口、経済ともに伸長著しい浦添市では、基地外の民間地域の経済効果は、牧港補給地区の二・一二倍に達する。基地収入は推計できる中で最も高い数字を用いて試算しているが、それでも生産効率には二倍以上の開きがある。

次に、沖縄の基地問題で最大懸案であり続ける普天間飛行場（宜野湾市、四八一ヘクタール）をみてみよう。

基地関連収入（〇五年度）は約一二四億八七〇〇万円で、一ヘクタール当たり二五九九万円となる。普天間基地の外の市域の生産高は約九九〇億二三〇〇万円で、一ヘクタール当たり六六九八万円。経済効果は基地内の約二・五八倍となる。牧港補給地区と同様に、基地収入を最も多く見積もっても基地外の市域の生産性が二・五倍以上に及ぶのである。

沖縄戦の後、沖縄本島の中南部の優良地はことごとく、米軍が基地として組み敷いていった。農業でも、工場用地としても、住宅地としても、最も有効活用が望める平坦な優良地ばかりであり、米軍基地化によって沖縄は戦後の経済発展の芽を摘まれたに等しい。前記のデータはそれを証明している。こうした基地群の経済効果は、代表的な二つの基地をみても、明らかに基地の外の方が高い。嘉手納基地より南に位置する優良地が民間に返還された時、それが生み出す効果は極めて大きいはずであり、計画的な跡利用によって有効活用できるか、どのような企業立地を図り生産効率を高めるかが沖縄の将来を左右する試金石となるだろう。

沖縄県は、在日米軍再編で、日米両政府が嘉手納基地より南にある海兵隊の六基地の返還に合意した後、二〇〇七年六月に「駐留軍用地跡地利用に伴う経済波及効果調査」の結果をまとめた。県の調査をもとに基地跡地の経済効果の一例をみてみよう。

那覇市の北西部に位置する「新都心地区」には県立博物館・美術館、日銀那覇支店などの公共機関や県内最大級のスーパーマーケットが建ち並ぶ。活況著しいこの地区は一九七五年から八七年にかけて、細切れ返還された「牧港住宅地区」という基地の跡地である。一九九八年に本格的に跡利用が始まった。返還当時の基地関連収入は、年間五一億五〇〇〇万円だった。基地従業員の給与、軍人らの消費支出も、市町村への交付金、基地整備費などもすべて網羅した数字である。生産誘発額は年五四億八〇〇〇万円だった。基地が返還され、区画整理事業が開始されてから二〇〇六年までの整備費や商業売り上げを年数で割った年平均の直接経済効果は、七三五億四〇〇〇万円に達する。返還前の一四・三倍である。

また、跡利用が順調に推移していた二〇〇二年の生産誘発額は八七四億二〇〇〇万円となり、返還前の実に一六倍に上る。雇用効果をみよう。同地区を網羅した統計はないが、県の調査から卸・小売店、飲食店、サービス業、製造業の四業種のみの従業者数を抽出すると、二八四三人だ。基地従業員が最も多かった時期の一九六人の一四・五倍に達する。基地跡利用の直接経済効果、間接経済効果、雇用効果は基地を抱えている時よりも格段に大きく、基地として使い続けるよりもはるかに地域経済にプラスのインパクトを与えることをこの数字が証明している。新都心には、その後さらに多くの企業や商店が立地しており、雇用効果がもっと膨らんでいるのは確実だ。

元知事で前参議院議員の大田昌秀氏が、統計数字を駆使して他の返還跡地の経済効果を算出している。沖縄本島中部にあるうるま市のみどり町は、一九八三年に返還された「天願通信所」という通信基地の跡地だ。現在は市役所本庁、学校、商業施設が集積する市の中心地となっている。管理要員のみの基地だったこともあり、基地従業員はわずか四人だったが、現在の区域内の雇用者数は二九三六人（〇一年）で、雇用効果は七三四倍に上る。

跡利用が軌道に乗るまでに長い期間を要するという課題はあるとはいえ、使い勝手のいい土地にある基地の返還が、着実に地域の経済雇用効果に結びつくことを過去の返還例が証明している。

◎経済報道の活発化

二〇〇八年九月、「琉球新報」は紙面刷新に伴い、編集局に経済部を新設し、週に三回（火、木、土曜日）は経済面を従来の二ページから三ページに増やした。アメリカのサブプライムローン問題や、証券大手のリーマンブラザーズの破綻に端を発した世界不況が深刻化する中、沖縄の経済情報の発信を強めることが狙いだった。「沖縄タイムス」も〇九年三月から経済面を週三回（水、木、土曜日）、三ページに増やし、県内二紙の経済報道は抜きつ抜かれつの競争が激しさを増している。特に目立つのは企業の動向に関する報道である。

一九九〇年代から二〇〇〇年代を迎え、沖縄県紙の経済報道は市中経済、企業活動の活発化に伴い、かなり変化してきた。製造業が弱いとされながらも、独自の技術力や情報発信力を生かして全国的にも評価される企業が育ってきたことで、かつては銀行などの金融界や沖縄総合事務局、県、沖縄振興開発金融公庫の月例調査など、公的発表ものにかなり比重を置いていた紙面が、民間の製品開発や地場産業振興に関するきめ細かな報道を展開するようになってきている。新たな技術、海外を視野に入れた経営戦略をもつ企業が主語となるニュースが、格段に増えたことがその要因だ。

県内では、公的機関、私的な異業種交流・人材育成のネットワークなどによる産業振興、企業経営の舵取り、人材育成などのシンポジウムなどが頻繁に開催される。旺盛な開催意欲と比例するようにほぼ連日のように紙面をにぎわす。経済面に地元ニュースが一日に二〇本近く出稿される日も珍しくない。一般的にこうした会議・催し物からはニュースが出にくいとされるが、会議などの場で目を見張るようなニュースが報告されることもあり、取材する側としては目が離せない。

仕事柄、ほぼ全国の地方新聞の紙面に目を通してきたが、恐らく、地方紙で沖縄の二紙ほどのきめ細かさで地元経済の動きをフォローしている新聞は、少ないのではないか。

◎公共工事と決別し環境ビジネスで活路

「琉球新報」は〇八年九月から、経済面で「地場産業力　ものづくりの邦《くに》」（毎週土曜日掲載）を連載している。全国に比べて製造業が弱い県内でも、高い技術力や県産素材を生かした商品開発で全国的にも高い評価を得ている企業と経営者の思いを紹介することで、沖縄の地場産業発展への道筋を探ることが狙いだ。新聞界の流れとして文字を拡大したため、盛り込む情報を絞り込まねばならない紙面の中で、ページの五分の二ほどのスペースを大胆に割いた連載である。

その中で、脱基地、脱依存の言葉を経営の指針にしている経営者がいた。使用済みの食用油からディーゼルエンジン用の軽油（バイオディーゼルフューエル＝ＢＤＦ）を精製するヘルスクリーンの大山盛久社長（五九歳）だ。

ＢＤＦは、地球温暖化防止の一環で全国の環境関連企業がしのぎを削る分野だ。有害物が含まれる排水を出さない製造機を開発したヘルスクリーンは公共工事を柱にした造園業から業種転換を果たした異色の企業だ。大山社長の「価格決定力と競争力ある事業を沖縄に根付かせたい」という思いが実りつつある。

廃食油を化学処理する精製課程では、粘り気を弱めるため、グリセリンをエステル交換という方法で取り除く。燃料の質を高めるには洗浄・脱水工程が必要で、用途に乏しいグリセリンや有害物を含む排水が残る。このやっかいな副産物をどれだけクリーンかつ安価に処理し、不具合なく燃料の性能を高めるかによって、製造機器の評価が定まる。

ヘルスクリーンはBDF製造機「あおぞら」を二〇〇二年に開発。製造量は五〇、一〇〇、二〇〇、五〇〇リットルの四種類で、胴体にのぞき窓を設けたのが大きな特徴だ。エステル交換反応を直接、目で確認しながら、触媒と廃食油を混ぜ合わせる回転数を自由に調節できるため、酵素法とアルカリ触媒法という二つの方法でBDFを精製できる。

一リットル当たり精製コストは約一九円と二〇円を切り、普通三～八時間かかるとされる精製時間を一時間一五分に抑えた。燃油の質は最も厳しいとされる欧州連合（EU）基準をクリアした。

韓国の代理店を通し、同国内でBDF精製基地を構想する企業から一トンの大型製造機を一〇基発注したいとの商談を受け、実施設計を進めている。仁川市にある代理店の金在斗代表は「日本よりもBDFが進んでいる韓国でも注目される技術だ。長いスパンで売り込んでいける」と太鼓判を押している。

大山社長は一九八三年に造園業のエバグリーンを創設。防衛庁（当時）が発注する公共工事などの受注を通して潤い、施工高は右肩上がりで伸びた。業界団体や同業者とともに、国や県の公共工

公共工事依存から抜け出し、価格決定力のあるものづくり企業を増やす必要性を語るヘルスクリーンの大山盛久社長。撮影：筆者

事を受注するために日参する日々。夜の宴席も絶えず、沖縄振興予算、防衛予算にむらがるような営業活動が続いた。受注調整と称して談合が繰り返され、施設局や県の職員への付け届けなども当然のようになされていた。仕事をもらう代わりに、脱法行為を通して公僕意識に乏しい担当者とのなれ合いが深まる日々だった。

そうするうちに、大山社長は「こんなことを繰り返していては、沖縄の自立は絶対に無理だ。沖縄の発展に貢献しているのかという疑問が付きまとった」という。

二十人余の社員を抱えていたが、充足感は乏しくなるばかり。業績が極めて順調な中、大山社長は周囲を驚かせる業種転換に踏み切る。バブル経済絶頂期の九〇年に環境保全や健康ビジネスを軸にしたヘルスクリーンを設立した。県土が狭い沖縄では、環境保全が必ずビジネスにつながるという確信があったが、雇える人数には限りがあり、従業員を他の仕事先に送り出すまでに、約五年を要した、という。

大山社長は「公共工事頼みの他力本願ではいつまでも本土と勝負できないという思いをどうしてもぬぐえなかった。技術を高め、価格決定力あるビジネスを沖縄に根付かせたい。その理想の先に沖縄の経済発展がある」と強調する。経営理念に「共に喜ぶ」を挙げる大山社長は、顧客、取引先、地域社会が共に栄えるという理想と、原点でもある「沖縄の経済自立」にこだわり続けている。

❁行政におんぶにだっこはだめだ

建築・土木資材などの製造と卸売りを手がけるタイガー産業（うるま市）は二〇〇八年、創立三〇周年を迎えた。技術力向上と原価コスト抑制を両立し、本土市場で売り上げを伸ばし続けている。建物の天井を支える「吊りボルト」の主流である「八分の三インチ」の市場占有率は約一二％で全国トップを守っている。取り扱う資材は型枠、ボルト、ネジなど約五〇〇〇品目、二万点に上る。

設立は一九七九年で、島袋盛義社長が「できるだけ早く納品することが問屋の第一の役割だ」と檄《げき》を飛ばし、商社などを介在させずにメーカーと直結して流通コストを省き、業績を伸ばした。八四年には、製造部門のタイガー工業を設立し、型枠用のボルトや吊りボルトなどの自社製造に乗り出す。沖縄県内市場だけでの販路拡大に限界を感じ、九〇年に初の本土拠点として大阪工場を東大阪市に設け、着実に本土市場を開拓してきた。

建築物の出来を左右する資材に高い品質を求める一方、利益を出すため顧客は一円でも安い資材を欲しがる。島袋社長は商談でトップセールスを貫く。「トップにこちらの思いを直接伝えることが大事だ。技術とコストを抑える工程がしっかりしているので、一度工場を視察してもらえば、製品を買ってもらえる自信がある」と話し、「原価コストを抑えるのも技術力だ。競争力が高まり、本土市場を広げることができる」と強調する。

タイガー産業の飛躍を支えたもう一つの軸が中国での自社工場建設だった。九四年三月、中国広西チワン族自治区の首都南寧市に「南寧泰格金属製品有限公司」を設立し、吊りボルトなどを生産した。タイガー産業本体が品質を厳しくチェックして増産を重ね、中国の人件費の低さもあって初期投資を含めた累積赤字はわずか六年で消えた。

中国工場の製品は右肩上がりで伸び、〇九年度は一六億円の売り上げを見込む。〇九年二月には南寧の新工場建設に着工し、ベトナム以南のアジア市場をにらむ。

島袋社長がこだわる原価コストの抑制は、輸送コストがかさむ離島県・沖縄のハンディを克服して厳しい競争を勝ち抜くための経営戦略だ。同社長は、多額の設備投資を要する新工場建設にも果敢に挑んだ。自らの経営戦略を語る際、「コストを減らせば、沖縄からでも全国と十分に勝負できる。行政におんぶにだっこではだめだ。沖縄モデルの経営を見いだし、自分の会社にあったビジネスモデルを培うことで活路が開ける。いつまでも官に依存したままの経営であっては沖縄の自立にはつながらない」と口癖のように語る。

沖縄の企業経営者がよく言う「行政の支援」「公共工事の優先発注」とは一線を画し、本土、世界を視野に入れた独自路線が光る。景気低迷をものともしない筋肉質の経営体力で、島袋社長は「将来は欧米でも売り込みたい」と意欲をみなぎらせている。中国工場建設を決断した先見の明と企業力向上への不断の取り組みを土台に、国内外の新市場開拓への果敢な挑戦が続きそうだ。

❁基地を巨大なものづくり拠点に

○九年六月まで三六回を重ねてきた「ものづくりの邦」に登場してもらった経営者は、高い技術力と経営戦略で活路を開いている。その経営者像の共通点を記したい。

まず、国、県、市町村など行政への依存心がほとんどみられないということがある。「予算を割り振ってほしい」などの声は聞かれず、「脱依存マインド」が浮き上がってくる。独自の技術力を磨くことで、製造業が弱いといわれ続ける沖縄からでも県外市場、国外市場に打って出ることのできる製品の開発にこぎ着けている。産学官の連携の場にも積極的に乗り出していき、従来のビジネスモデルから一歩でも、半歩でも前に踏み出す姿勢でも相似形を結んでいる。

また、健康食品などでは、県産素材へのこだわりが徹底しており、その魅力を引き出した商品の独自性を前面に掲げ、勝負に出ている。さらに、狭い島嶼《とうしょ》県である沖縄は自然が命の観光立県であるだけに、環境問題への鋭い感性をもっている点でも共通する。

型枠のベニヤ板を外す際の解体専用金具を開発し、全国展開している城建（那覇市）の入稲福了社長は「公共工事頼みの県内業者にとって、自分で何かを生み出すという刺激になれば」と話す。公共工事の削減の波に抗《あらが》えず、業績を落とす建設業者、資材業者が多い中、入稲福社長の言葉には、じり貧に陥らないためには、公共工事依存から脱して独自技術を高めるしかないという強い信念が宿っている。

障害者や高齢者が気軽に海水浴を楽しめる水陸両用の車いす「チェアボート」を開発・製造している大名鉄工（南風原《はえばる》町）は、従業員一〇人の町工場である。島袋宗一代表は、突拍子もない発想で業界関係者を驚かせる好奇心旺盛な経営者だ。将来の沖縄のものづくりを担う子どもたちの関心を育てる活動にも積極的に取り組む。その島袋代表は自らの夢をこう語る。

「平和シェー、ムノーカマラン（平和では飯は食えない）と言うが、いつまでも基地収入に甘えられない。基地を巨大なものづくり拠点に変え、作業服が行き来する場にしたい」

沖縄経済の自立への道にはまだまだ課題が山積していることは事実だが、「脱依存」の経営マインドに裏打ちされたものづくり企業の息づかいを聞いていると、沖縄経済には発展の潜在力があると感じる。中南部の優良地を組み敷いた基地返還が現実化していく中で、旧態依然の発想からの転換を図る経営者が増えていくことが、沖縄経済浮揚を支える基礎条件になることは間違いない。

目の前で動く基地返還の流れを荒波、逆境と受け止めるのか、沖縄の未来を開く可能性を帯びた追い風、順境と受け止めるのか。依存心との決別が沖縄の将来展望を開く重要な鍵となる。私たちも腰を据えた報道を肝に銘じたい。

世界につながる沖縄の自治

琉球大学教授［政治学］
島袋　純

「沖縄」を取り扱うさまざまな言説や物語、イメージの中には、それを作り出すものが特定の目的に基づいて発信する場合が多い。特に中央のメディアや政府が発信する情報や言説は、日本政府の沖縄に対する支配の一つの手段となっているとさえ言える。その意図を見抜いて相対化し、沖縄自身の自己像と物語を自ら作り出していかなければ、沖縄の未来はない。冷戦終了後の、九〇年代以降のグローバリゼーションの時代といわれる中で、沖縄の自律を求めた動きと日本政府のその対応策がどのような政治的意味を有していたかを分析することによって、沖縄の今後歩むべき道を展望したい。

❁冷戦終焉とその後の変化

「冷戦」における東西陣営の対立は、相互に国家の形成の抜本原理を完全に否定し合う、言い換えれば、お互いが敵対する相手を決して受容することができない、相互の完全抹殺でしか解決が図れない、絶対的な敵対関係であった。お互いが核を十分にも十二分にも抹殺し合えるほど保有し合い、ミサイルを向け合っていた。

一九八九年の冷戦の終焉は、世界に大きなインパクトをもたらした。「冷戦」に代わって、世界の状態を表す言葉として「グローバリゼーション（グローバル化）」が頻繁に用いられるようになった。市場を通した経済発展を原則とする資本主義（あるいは市場主義）以外には、有効な発展の原理や方法はもはや見あたらない。市場を否定する原理は排斥され世界中が市場を通して密接に結び合う、世界的な市場を通して国内の経済発展を展望せざるを得ない時代になった。

共産主義イデオロギーに基づく国家形成が行われていたソ連の崩壊により、イデオロギーの対立は終焉し、世界はおおよそ「市場システム」によって統一され、それは「歴史の終焉」とも喧伝された。ここにおいて世界における軍事的な紛争や対立の質と比重は大きく変わってくる。もはや、相互完全抹殺を念頭においた対立は起こりえない。潜在的な脅威とされる相手であっても人類の敵ではなく、市場を通して繋がり合う関係である。

相互完全否定に基づく核武装でにらみ合っていた時代は、地域的な軍事紛争は、米ソの直接対決や東西両陣営の世界戦争に発展する可能性をはらんでいたこともあり、顕在化する前に押さえ込まれていた。冷戦による平和、米ソ対決による平和とも言える皮肉な状況であった。しかし、その押さえ込みがなくなった冷戦終結後、かえって地域的な軍事紛争は顕在化しやすくなっているように見える。北朝鮮や台湾海峡の軍事的問題を抱える極東周辺においても同じことが言える。

しかしその地域の軍事的紛争も、市場を通して関係を結び合い経済を構築していくしかない現在、その脅威のレベルは、冷戦期と抜本的に異なると理解しなければならないだろう。つまり、楽観的かもしれないが、救いようのない相互完全否定の軍事対立はもはやありえず、世界市場において相互利益に繋がる関係の構築が今後ますます大きな潮流となっていくだろう。その結果、世界的な市場システムの有効な作動とそのための秩序の保持が各国の共通の利益となるならば、それに対する脅威の削減は、旧東西陣営を問わない国際的な公共財となる。世界市場システムを機能保全するための国家を超えるあるいは横断する公共的な事柄ということである。地域的な軍事対立や紛争が顕在化しやすくなった一方で、それが拡大し深刻化する可能性は低くなったと言える。

このような冷戦時代と冷戦後の軍事的対立の根本的な相違を念頭におかなければ、冷戦終了後九〇年代から顕在化した旧ユーゴスラビアをはじめとする旧東ヨーロッパにおけるさまざまな紛争や衝突、旧ソ連邦内における動乱や衝突等を見誤ることになる。軍事的な関係は大きく変わり、例えば、欧州各国と米国の、旧ソ連陣営に敵対する軍事同盟であったＮＡＴＯは、もはやそのような役割よりも、欧州を中心とする軍事的脅威や紛争の除去をになう国際的な公共財・サービスとしての安全保障機構となりつつあると言えるだろう。

東アジアにおける潜在的な対立についても同じことが言えるのである。つまり、東アジアにおいては、特に朝鮮半島の対立をめぐって、北を支援する中ロの旧共産主義陣営と、南を支援する日米の資本主義陣営が、冷戦の「遺物」として、ここの地域だけでは冷戦終了がいまだ実現していないという主張がなされることもある。しかし、旧ソ連の崩壊後、市場で密接に結び合う中・ロと日・米の間でそのような主張を行うのはあまりにも無理がある。中米間の貿易高がついに日米間の貿易額を追い越し、中国の米国債保有高が世界最大になったことだけを見ても、市場の結びつきはかつてないレベルに到達している。また、極めて遅い歩みではあるが、八〇年代後半以降、中国をはじめ東アジアにおいても、政府の厳格な統制が次第に緩められ民主化や市民社会が発展しつつある。そして、市民社会相互のつながりや連携も生まれつつある。

❁新自由主義の登場の背景

ところで、市場原理を世界の隅々に強制していくグローバリズムは、国家権力からの市民の自由を謳うリベラリズム（自由主義）を極端に徹底させた現代版、いわゆる「新自由主義」に裏付けられた現象であると言われている。

しかし、もう一方でJ・ロックを引き合いに出すまでもなくリベラリズムは、当初より「公共的なるもの」を、分かち合い、支え合い、生み出し合う主体としての「市民」を想定していたと考えられる。受益と負担の等価交換という市場原理でなく、国家から自律し、共感と連帯に基づいて人びとが生きていく場として「社会」を想定し、さらにそれを安心できるものとするとするための権力機構を構想していたのである。もちろん、権力機構は小さいに越したことはなく、厳格な市民による統制が必要である。権力の本質は物理的強制力であるが、社会内での公的秩序の維持のために警察機構が作られ、対外的に社会を守るものとして国軍が創設されたが、いずれも厳格な市民による統制（Civilian Control）が制度化された。しかし、「公共的なるもの」を極小化し、市民に対する取り締まりや自由の制限を強化して政府の役割を公的秩序の保持だけに縮小していき、市民への政府の統制力を拡大し市場を最大化することにのみ邁進した「新自由主義」は、リベラリズムの異端としかいいようがない。

二〇世紀後半、欧州においては、国民国家を中心としていた「公共的なるもの」のあり方が大きく変化した。西欧諸国では冷戦期に「福祉国家」が発達した。市場経済を前提としつつも、国家の役割を順次拡大し社会保障を徹底して充実させることによって、多大な公共性を担う「大きな政府」の登場である。それは冷戦期においては、市場を前提としつつも、平等を謳う旧ソ連圏以上に平等な社会と強固な社会的連帯を実現するものとしての意味合いがあった。

ところが、ソ連は崩壊し、冷戦は終了する。このソ連の崩壊は、「福祉国家」のソ連型共産主義への対抗的な存在意義の喪失を意味した。それもあって、西欧では一挙に福祉国家の見直し論議へと傾斜していく。その再編の一つのあり方として、政府の経済的な役割を徹底して縮小する、いわゆる「小さな政府」論とそれに基づく社会福祉の削減という戦略がある。その戦略のもとでは、福祉の縮小によって困窮し、社会的な営みが不可能となり、社会的に排除されてしまう大量の層が出現し、社会が不安定となる。「小さな政府」の実現に政権が固執する場合、社会の安定のためには、物理的強制力（警察力・軍事力）の動員とナショナリズムの鼓舞による国民統合に頼るようになる。

日本においては、警察力の拡大と刑法の厳罰化が進展し、湾岸戦争時の自衛隊海外派遣以降、自衛隊の活動範囲と規模を拡大する多くの法改正と実際の展開が次々と行われた。二〇〇七年五月には、沖縄の市民運動にまで自衛隊の派遣（海上自衛隊の掃海母艦「ぶんご」の辺野古《へのこ》派遣）が行われるようになった。そうした中では、困窮するのも取り締まりの対象とされるのも個人責任とされ、社会的排除層を再び社会に包摂していく発想も取り組みもない。現在の日本には、地域社会、日本社会から排除されている膨大な人口が存在している。

❁欧州におけるガバナンスの変容

これに対して欧州では、まったく別の方法で「社会」や「公共的なもの」の担い手の再編が行われている。その一つは、既存の国家の「公共的なもの」の大半を担うまでに大きくなった「自治州」という政治システムであり、もう一つは国家を超えて「公共的なもの」を担う「欧州」政治システムへの再編である。その上さらに注目しなければならない「新たな公共」の担い手は、国家を横断して自律的に成長する「市民社会」である。欧州においては、無数のNPO、NGO組織があり、国際的に密接な連携を取って活動している。欧州政治機構とは、このような市民組織を中心的な構成要素とした「欧州市民社会」の海に浮かぶ〝島〟であるといっても過言ではない。

その再構成の中で、既存の国民国家の物語から切り捨てられてきた、かつて「国民」ではないとされた人びとを、新たな公共性を担う「市民」として含み込んでいくこと、育成していくことが行われ始めた。市民を取り締まりの対象とする、あるいは切り捨てることではなく、新たな公共性の担い手として包摂していくことである。人の移動や移住が国境を横断して拡大する今日の欧州では、ナショナルな物語を注意深くより小さく再編していくことと、新たな「公共的なるもの」とそれを担う「市民」のリベラルな物語の拡大をはかりつつ再編していくことである。それが、欧州諸国における近年の政治的動向であり、欧州各国をつなげていく、欧州統合を支える物語なのである。

シティズンシップの再興

以上見てきたように、グローバル化と社会分裂の危機にさらされた欧州及び欧州諸国の対応は、日本とは全く異なる。排他的なナショナリズムの安易な復活ではなく、リベラルな物語を国民国家とは異なるレベルで「公共的なるもの」へと再構成し、多様な個人と新たな公共性とのつながりを再編強化していくこと、新たな公共的なものへの相互間のつながりを強化していくこと、またそれらと既存の国家とのつながりを、そして主権国家相互のつながりを強化していくことである。

欧州における政治機構の再編とそれを支える「シティズンシップ」の再興も、この文脈で考えなければ理解できない。リベラルな物語の、国民国家ではない、別次元での再構成という意味である。既存の国民国家の枠組みにとらわれることなく、その上に「欧州」という政治機構を置き、その下に「自治州」が設立され強化されていく。そのような新たな政治機構や公共空間が登場する中で、多層的な統治構造によりいかにして現代的な市民の自由と権利を守っていくのかという課題設定が行われているのである。

欧州においては、超国家の地域レベルで、欧州政治機構や欧州人権裁判所などの既存の主権国家の枠を超えたレベルで市民的権利保障のシステムの構築が進んでいる。また、同時にサブ・ナショナルなレベルでは、州議会あるいは州政府といったものの設置により市民的権利を保障する制度を整えていくことが大きな流れになっている。かつての中央集権的な単一制国家が、分権をすすめることで準連邦制へと移行している。

後者の具体的事例として、英国のスコットランドでは、一九九九年、新しい議会と政府が設立されたことを紹介したい。サッチャー政権により八〇年代の新自由主義的な改革が進むと、それはスコットランド社会を破壊するものとして、次第に大きな反発となっていった。その中で、スコットランドの人びと(People)の権利は何かという問いかけが市民運動の中から起こり、その市民運動は民間団体であるが、スコットランド選出国会議員のほぼ全員が参加する「スコットランド憲政会議」を作り出し(一九八九年)、「権利の請願」(Claim of Rights)を提出していく。この権利を守るためにどのような政治や政府のあり方と政治的プロセスが必要なのかが憲政会議で議論され、ここにスコットランドの憲法に相当するものが作られた。それがいわゆる「第三の道」をめざしたT・ブレアが率いる労働党のマニフェストに取り入れられ、それに基づいてスコットランド議会及び政府が作られていったのである[注1]。

このような人権のあり方の社会再生の視座からの見直しと人権保障の多層的な機構への動きの展開は、いわば多元的な「市民社会」のグローバリゼーションということができる。既存の国家的な統治機構には限定されない、多元的な主体からなる新しい公共空間と多層的な権利保障ための統治機構を作り出すことによって、多元的多層的な市民的権利保障の仕組みが生まれつつあるのである。

❁大田県政の登場と「沖縄国際都市形成構想」

冷戦後の国際政治経済の状況を表す「グローバリゼーション」は、日本の経済的なシステムに強い衝撃を与えたが、日本の政治システムもその衝撃を免れることができなかった。世界的な市場経済への適応のため、政府の仕組みとその社会や経済に対する統制システムを再構築せざるを得なかった。例えば、企業、NGO、市町村と都道府県などに対して中央政府は統制力を弱め、多くの市民的組織や企業が、国境を超えてより緻密で直接的な関係を結ぶようになったのである。日本においても政治と経済にわたる基本的制度の改革の要求は、九〇年代を通して大きな圧力であった。

「グローバリゼーション」は、地方財政自体をも世界経済の荒波の中に直接放り投げ、中央政府からの支援と補助の減少に継続的な圧力をもたらしてきた。同時に、国境の障壁と緊張が低下していく中、資源と産物のやりとりを求めて地域（の自治体や企業・NGO等）が国境を越えて他国の地域へ直接関わることを通して、地域発展を行うという開発戦略への新しい期待が登場してきた。

一九九〇年に就任した沖縄県の大田昌秀知事も、このような期待を背負って登場した地域リーダーの一人であった。大田は、冷戦終結後、沖縄における米軍基地の削減は不可避になると予測した。そこで、就任してまもなく、グローバリゼーションの進展と米軍基地の撤退もしくは大幅な縮小を前提とする、つまり、裏を返せば基地に関連する特別な財政補助と基地経済を前提としない沖縄振興開発の戦略を正式に検討し始めた。

しかし、その前に大きく立ちふさがったのが、沖縄開発庁及びそれを主たる推進機構とする沖縄振興（開発）体制である。沖縄振興開発計画（一九七二年開始、以降一〇年毎に更新されて三次計画まで継続し、二〇〇二年より「沖縄振興計画」と変更）は、沖縄振興開発特別措置法（二〇〇二年より「沖縄振興特別措置法」に改正）に規定された財政的な優遇措置に基づいて、沖縄開発庁によって立案される中央政府の沖縄振興のための計画である。この沖縄県に対する財政的優遇措置を裏付ける大義名分は、二七年にわたる米軍支配から生じた遅れを取り戻すという「格差是正」であった。

九一年初頭より、知事に就任したばかりの大田は、第三次振興開発計画（以下、三次振計と略す）の策定に関わった。沖縄振興開発計画は、独自の総合計画を持たない沖縄県の素案が、まず開発庁に提示される。その際に基地に関して整理縮小を必然だと期待し、それを前提とする案をなんとか計画に盛り込ませようと大田県政は考えた。結局、最終的に計画の立案権を有する開発庁の計画において、基地問題が取り上げられることはなかった。

「国際都市形成構想」の策定を、翌年九二年から県独自の案として着手し始めるのは、県独自の案が必ずしも採用されることがないという、沖縄振興開発計画の限界を克服する県なりの試みである。最終的には九六年一一月に「沖縄国際都市形成構想――21世紀の沖縄のグランドデザイン」としてまとめられ発表される。これは、沖縄の日本への返還以来、沖縄県庁主導で編成したはじめての長期的な総合的計画（構想）と言える［注2］。

この「沖縄国際都市形成構想」の最も重要な柱は、冷戦の終了とグローバリゼーションを前提とした「基地返還アクションプログラム」と「全島フリー・トレード・ゾーン（以下FTZと略す）」と「特別自治制度（琉球諸島自治政府）」であった。基地返還アクションプログラムとは、段階的な米軍基地の縮小と二〇一五年までの基地の全面撤去を打ち出すことであり、全島FTZは、二〇一〇年までのAPEC（アジア太平洋経済協力会議）域内の資本や原料・製品等の関税及び非関税障壁の撤廃による完全自由貿易化を念頭に沖縄全島をその先導的地域と位置づけて自由貿易地域とすることであり［注3］、特別県制度とは、それを管理することができる権能を備えた現在の県よりも強力な特別自治制度を沖縄に導入することであった。

❁逆手にとられた「沖縄政策協議会」

沖縄県が策定した国際都市形成構想は、「基地返還アクションプログラム」を伴っており、米軍基地の大幅な整理縮小が大前提となっている（ただし政府は二〇一五年までに沖縄の全米軍基地が段階的に削減され、最終的に全面撤去されるという、このアクションプログラムの意味を、実現可能性のない政治的アドバルーンとみなした）。

大田県政は、この沖縄県独自の構想・計画を具体的に実現していくための組織づくりを政府に要求した。それが、「沖縄政策協議会」である。それは、「沖縄問題についての内閣総理大臣談話」（九六年年九月一〇日、閣議決定）に基づき、米軍の施設・区域が沖縄県に集中し、住民の生活環境や地域振興に大きな影響を及ぼしている現状を踏まえ、地域経済としての自立、雇用の確保により、県民生活の向上に資するとともに、沖縄県が我が国経済社会の発展に寄与する地域として整備されるよう、沖縄に関連する基本施策に関し協議することを目的として、設置されたものである。

しかし、沖縄政策協議会に臨む中央政府首脳は、大田県政が大前提とした基地返還アクションプログラムは遠い将来的な課題として棚に上げ、国際都市形成構想の政府の直轄事業や、補助事業を中心とする部分だけに焦点を当てて、新たな沖縄振興策の枠組みとして持ち上げたのである。すなわち、「中央から沖縄への公的な資源の配分量を確保する役割」が国際都市形成構想の最優先課題と位置付けられ、他の要素、すなわち、グローバリゼーションに対する地域主体の対応となる「基地返還アクションプラン」「全島ＦＴＺ」とそれを推進することのできる「特別自治制度」の部分は後回しにされたのである。結局、この制度は、新たな公共事業、補助事業の政策パッケージを作り出す機関としての役割以上の働きを獲得することができなかった。

画期的だといわれた制度であったが、実は、これまでの沖縄振興（開発）体制の延長線を出るものではなかった。つまりそれは、沖縄と中央側双方にとって対立が生じない公共事業配分などの利益還元政治においては、沖縄側にとっても有効に機能する。しかし、基地問題のような、ゼロサム・

ゲームでひとたび、対立が生じると、中央は補助金をカットするという、つまり、古典的な地方統制のための権力を露骨に行使する。中央政府は、この仕組みを逆手にとり、その後大田県政を窮地に追い詰めていったのである。

九七年一一月、議会による信任を得られず吉元政矩《よしもとまさのり》副知事という大田県政の舵取り役を失い、ほぼ同時に普天間基地の名護市辺野古沖への移設について反対の立場を明らかにした大田県政に対して、国は「沖縄政策協議会」の開催拒否を突きつけた。県の経済界は、新たな公共事業、振興策に期待が大きくふくらんでいただけに、大田県政に対する失望は大きく、危機意識を持つようになった。それは次の稲嶺県政を登場させる原動力となり、県政が代わるとただちに、中央政府は沖縄政策協議会を再開し、沖縄経済界の期待に応えた。さらに、稲嶺県政下に沖縄振興開発特別措置法をはじめとする沖縄関係特別法が改正され（二〇〇二年四月）、国主導の振興体制はより強固なものとして再編された。

沖縄政策協議会を嚆矢《こうし》とする近年の新振興体制を含め、最終的に沖縄振興体制というのは何だったのかという問いに対しては、端的に言えば、沖縄の基地問題の国政における〝非争点化〟を確実なものとする利益還元政治の制度化ということである。基地から派生する多様な問題や沖縄の人びとが望む基地の負担軽減や整理縮小を公式の議題からずらしていく、あるいは、基地問題の解決策を振興策とセットにすることで、逆に国主導の基地の再編、強化に機能させて、国政レベルの政治から非争点化することである。つまり、基地問題を、振興策、すなわち、個別具体的な振興事業の是か非かという沖縄の地域内部の政策選択の問題として押さえ込み、国政の政治的議題に上らせない非争点化の制度化である。

沖縄における振興体制による高率補助の事業や国直轄事業は、効率的で公正な配分とはあまりにほど遠い。むしろ、自治体の初期投資費用を限りなくゼロに近づけ、安易な事業導入を促進することになる。規律ある自治体経営を不可能とし、政治行政の合理化にも分権化にも合致しない。それでもなお、基地問題に関しては、それを争点からずらし、基地の維持あるいは再編強化とリンクすることで存在し続ける状況である。

❁市民による新たな「公共」の創造

加速するグローバリゼーションの中で沖縄の振興を考えていかざるを得ない大田県政と、沖縄振興開発をできうる限り極小化して考えていこうとする沖縄開発庁は、本質的に相容れない存在であった。グローバリゼーションへの視野の不在と基地問題に対する沖縄開発庁の消極的な姿勢は、沖縄側にとって大きな不満となって蓄積していった。

沖縄国際都市形成構想の最も特徴的な部分の一つは、グローバリゼーションを明確に意識化し、しかもそれを先取りする、あるいは積極的に対応する形で沖縄の将来構想を描いている点である。その最も重要な推進手段が、沖縄全島フリー・トレード・ゾーン構想である。さらには、地域的経済統合の推進、つまりアジアや太平洋諸国との連携、アセアンやＡＰＥＣの重視をうたっていた。

一国二制度的なきわめて分権的な自治制度の導入と、グローバル化の先取り、つまり東アジアにおける国際的経済協調の枠組み強化への沖縄の貢献を主張し、その中での米軍事基地の役割縮小と段階的削減を打ち出していた。

沖縄振興開発計画の策定主体は、国であり、このような県独自の構想には法的裏付けはなく、構想が実現する担保は何もない。にもかかわらず、無視できないほど大きな力を持ちえたのは、県政中枢の大田や吉元の政治力や交渉力にあったわけではない。むしろその実現性が日増しに高まっていったのは、沖縄の市民的な運動の活性化とその支持にあったといえる。

一九九五年一〇月、その前月の少女暴行事件に対する怒りをきっかけに開かれた県民総決起大会から、翌九六年九月の県民投票、翌九七年一二月の名護市民投票と、市民運動は活性化し、沖縄のガバナンスは、より民主的な方向で新しく変化していく兆しを見せた。まさしく一国二制度的な強力な自治政府を構築するには、このような民意による統治という基盤が必要である。カタロニアやスコットランド等、欧州における準連邦的な自治政府の構築も、このような中央による介入の排除と地域社会の自律性をうったえる民主的な運動の活性化が基盤となって実現している。県民投票と名護市民投票。反基地市民運動とその活動は、この両方の住民投票において際だった働きを見せた。沖縄の多くの住民は、解決すべき公的な課題を共有し、それを実現する県及び市の自治政府を自ら支える主体として動き出していたのである。

大田県政は、県民投票直後に、代理署名拒否の姿勢を撤回し、中央政府の要求に応じて米軍基地の現状を追認する手続とも言える代行応諾を表明した。県民投票を支えた市民運動側に県政に対する不信が渦巻き、距離ができた。政府は、これをとっかかりとして、沖縄振興体制を逆に再編強化する形で、一連の中央政府補助の公共事業が基地受け入れへとつながっていくように行財政制度を整備していった。

つまり、沖縄の自律的な動きを作り出し、支えてきた市民運動を基盤に、新たな沖縄のガバナンスの構築に向かう絶好の機会を、県政自らが手放してしまった。そして逆に、中央政府が関与する振興体制の再編強化、つまり中央による沖縄への介入を必然的に招いてしまう仕組みの強化に自ら参入していくのである。

国家が独占してきた「公共的なもの」を、「新たな公共」を担う国家から自律した「市民社会」が担い、さらにそれが強力な「自治州」構築の基盤となっていく。これが、グローバリゼーションへの欧州における対応だが、九五年から九七年の沖縄の動きの中には、まさしくその萌芽が見られたといえる。

しかし、政府はその芽を沖縄地元の要請に配慮したという理由づけをしながら振興策でうまく摘み取り、代理署名事務などそれまで県や市町村の関与が認められてきた公的任務についても国家事務として吸い上げ、公共性の独占をより強化していった。沖縄に対する新振興体制は、沖縄社会の自律的発展を阻害し、県庁をはじめとする沖縄の自治体の中央への依存をさらに強化していくシステムと化したのである。

◎小泉構造改革がもたらしたもの

いわゆる「小泉構造改革」も、グローバリゼーションに対応する新自由主義的改革ということができる。二〇〇〇年以降の多様な改革が実現していくのは、その推進機関と言われた経済財政諮問会議の顔ぶれに端的に表されるように、それが日本の改革を支える勢力の中心的な考えになったからである。それは、「市場」の領域を可能な限り拡大し、市場の原理、受益者負担や競争原理をより徹底する、裏返せば、「政府」の領域と役割を縮小し、残された政府領域にも市場原理を導入する「小さな政府論」のアプローチである。

それには第一の効率化として、公共分野においても市場分野の財やサービスと同じように、可能な限り受益と負担を一致させて効率的資源配分と財政規律を高めることと、第二に規模の経済性によって資源配分の役割を担っている自治体を広域化してスケールメリットによってサービス供給の単価を漸減させることが必要となる。

この二つの効率化によって、財政支出の削減が可能となると同時に効率的配分が可能となるとされる。第一の効率化は、いわゆる三位一体の財政改革において端的に示された。現在、地方政府がなすべき仕事に対して財源は十分ではなく、逆に国庫には、中央政府が直接行う仕事以上の資金が国税として集められている。中央省庁は、その使途に関して統制力を持つ国庫支出金として、地方政府に補助金を提供している。この国庫支出金を廃止し、その分の国税を地方税に移しかえることによって、負担と受益を近づけるわけである。

一見、この国税から地方税への「税源」移譲は、地方税の拡充のように見え、分権改革にとって有意義なもののように見える。しかし、国内の大半の自治体は、税源がない地域である。つまり税源を移譲されたとしても、恩恵をほとんど受けない。この「税源」移譲によって恩恵を受けるのは、高所得者や法人（大企業）が多い、すなわち「税源」の豊富な裕福な地域であり、結果として、地域間格差の拡大がより大きなものとなる。結局、負担と受益の近接は、その自治体で集められる金で自治体サービスを賄えという意味になり、多くの自治体にとっては「分権改革」ではなく、まさしく国の財政破綻《はたん》のしわ寄せ、という意味になった。

第二の効率化は、市町村合併であり、アメとムチを駆使した半ば強制的な国主導の合併である。道州制についても、府県統廃合と国の出先機関の統廃合がセットになっている提案が有力である。分権のための市町村再編（合併）や府県・出先の再編という名目がよく唱えられる。「受け皿論」と言われるが、権限移譲のためにはその受け皿となるより大きな地方政府が必要だということである。しかし、全国の地域・地方は、地続きで生活圏が形成されている、つまり文化や経済が密接なつながりや交流をもつ地域的なまとまりとして統合・再編されうる場所ばかりではない。沖縄県は、県域自体が遠隔単独の離島県であり、沖縄本島以外に多くの離島自治体を備えている。その実情を無視した画一的な自治体統廃合、再編論は、地域社会と自治の実情を無視するものあるいは地域社会と自治を破壊するものと断言していい。

❁追究すべき公正な配分と社会的正義の実現

効率性を優先するあまり、行き過ぎた市場主義によって格差社会をもたらし、社会的連帯を破壊したといわれる構造改革であるが、それを批判したとしてももはや従来の公共事業を中心とした、効率性もなく公正でもない「利益還元政治」には戻れないであろう。今後の改革において重要になってくるのは、公的な資源の効率的でかつ公正な配分となるであろう。英国でブレア労働党政権の誕生の際に注目されたＡ・ギデンスの「第三の道」も、サッチャリズムの効率性を継承しつつ、社会的公正の実現を強調し社会的包摂による社会の再生を主張していた。

公正な配分を通して社会的正義を実現していくという基本的な理念は、米国の民主党や欧州社会民主主義諸政党の重要な哲学になっているＪ・ロールズの自由主義哲学に由来する。平等に自由を保障するために、「社会において最も恵まれない人びとに、最大の資源のアクセスの権利」を認める。そうすることで格差社会を是正し、不公正な社会を改善していくという考えである。

欧州においては、イギリスの労働党やスペインの社会労働党が社会的連帯や社会的公正、社会的正義の実現を最上位の目的としてマニフェストで訴え、政権獲得後、先に紹介したスコットランドやカタロニアなどのように強力な自治州の創設に至った。つまり、分権改革も公正な配分を通した社会正義の実現の一環として実現しているのである。沖縄で考える場合は、公正な配分のモデルとして沖縄の行財政特例を要求していくことが考えられると思う。

今後の分権改革や道州制を考える際、一九六三（昭和三八）年の最高裁判決にある地方公共団体の要件としての密接な共同生活と共同体意識からなる「社会的基盤」を重視したい。最高裁では、自治体の要件として、「単に法律で地方公共団体として取り扱っているということだけでは足りず、事実上住民が経済的文化的に密接な共同生活を営み、共同体意識を持っているという社会的基盤が存在」していることを指摘している。

まさしくそれこそ、構造改革、行財政改革の視座からのアプローチでは完全に抜け落ちていた論点であり、市町村合併、三位一体の財政改革が軽視し、現在の道州制議論でも取り上げられることがほとんどない論点である。

自治を支える「社会的基盤」とは、密接な共同生活を営み、社会的連帯の基礎となる共同体意識から成り立つものである。そのような社会的基盤の構築には、公正な配分を通しての社会的正義の実現とそれによる格差社会の是正は不可欠である。

教科書沖縄戦記述問題とは何だったのか

分権改革の中で有力な提案として「国（中央政府）の役割を国防・外交等に重点化し、その他の内政に関わる仕事は道州や市町村の役割にする」という国の役割の重点化論がある。これは、この国防・外交等重点化の領域において、自治体やその他の関与を排除し、あるいは自治体が関与していた権限を国が取り上げ、国の権限を強化することである。沖縄では軍用地収用の関係で、自治体が関与できる権限を国に吸い上げられた経緯（土地収用法及び駐留軍用地特別措置法の改正）があるので、この国の役割の重点化論を断固拒否できるよう、沖縄から強く主張しなければならない。

沖縄の戦後の政治的な住民運動・市民運動は、米軍による土地の強制接収に対抗する島ぐるみ闘争や主席公選運動、復帰運動のように、抑圧への抵抗、抑圧からの解放、自由を求めて政治機構を作り替えていく運動であったと言える。二〇〇二年に始まる新沖縄振興体制のもとで完全に中央の政策に対して従属的になってきたと思える近年においても、ひとたび政府や米軍に対する不満が高まれば、一一万六〇〇〇人を集めた教科書問題の県民大会が開催される。すべての党派と社会的組織が参加して統一した行動と要求が提唱されるのである。

二〇〇七年の文部科学省の歴史教科書検定の中で、沖縄における「住民の『集団自決』」に関して日本軍による命令・強制があったという記述の抹消を求める新たな検定意見が提示された。住民自ら国家のために死を選んだとする殉国美談（防衛庁・戦史叢書にある記述）によって国民統合を図るという保守政権の意思の具体化と言える。それが日本国民の中心的な物語だとして、教科書の中に持ち込まれたと言っても過言ではない。

なぜ今、このような判断がなされたのであろうか。それは、分裂した日本社会の統合が喫緊の課題となったからだと推察される。グローバル化とそれに対応する小泉構造改革は、政府部門の圧縮による市場拡大と残された政府部門への市場原理の導入によって、社会的弱者や疲弊する地域に対する配慮を打ち切り格差社会の到来をもたらした。構造改革に邁進した小泉政権を引き継いだ安倍政権は、栄光の大日本帝国時代の「物語」を再び持ち出すことで、分裂した日本社会を再統合することに政権の役割を見出した。安倍政権は、いろいろなキャッチ・フレーズの造語によって、物語の入れ替えを企てた。新憲法や戦後民主主義の否定を意味する「戦後レジームからの脱却」を始め、あらゆる言葉は、リベラルな物語の破壊と復古主義的なナショナルな物語の再興に彩られていた。教育基本法の改正に熱心であった理由もそこにあり、安倍政権下でついに断行された。

文部科学省は、歴史教科書を殉国美談の物語へと転換するものとして沖縄が激しく批判した検定意見をいまだ撤回していない。何もしないまま政権を投げ出したと批判される安倍政権だが、中心となる物語の公式的入れ替えという文脈では十分に役割を果たしたと言える。しかし、この独断的で排他的な自己美化・自己正当化の物語が日本の中心的な物語となると、諸外国と信頼でつながり合うことは不可能となり、日本は孤立し、衰退に向かうしかない。

沖縄戦記述をめぐる教科書問題の本質は、単に教科書記述の正否の問題にとどまらない。「沖縄」だけの問題にもとどまらない。日本全体の国民統合のあり方に深く関わっており、また、今後日本がアジアの中でどのような国際関係を構築していけるかの問題とかかわっているのである。さらにまた沖縄にとっては、沖縄の地域社会と自治の破壊を阻止し、再編していくことに結びついている。だからこそ、全党派的に危機意識が共有され、運動の全沖縄的な組織化が実現したのである。

二〇〇七年は、もう一つの全沖縄的な組織の立ち上げが行われた。沖縄の自治の在り方については、すでに沖縄自治研究会をはじめとして、多様な市民的活動団体が立ち上がっていたが、いずれも沖縄の有力な政治勢力を網羅し組織を代表するものではなかった。そこへ、経済同友会の呼びかけにより「沖縄道州制懇話会」が、経済界、労働界、県政界、市町村の代表すべてが入ることによって、沖縄の意思を結集していく民間の一組織として、二〇〇七年八月に形成された。翌年五月のこの沖縄道州制懇話会の第一次提言の要点は、構造改革及び行財政改革の視座からの道州制の導入に反対し、それとは別の論拠を打ち立ててゆくことを前提に、「沖縄単独州を目指す」という点について、沖縄の総意形成に向けた取り組みの必要性を提言したことである。別の論拠としては、上述した社会的連帯の再生という文脈での「社会的基盤」や「社会関係資本」の重視を打ち出し、また、住民主権論から、住民主権を代行する自治政府を位置づけ、基地問題等の沖縄の固有の問題を解決するために必要な権限を沖縄の自治政府が担っていくべきことを明言している［注4］。

❁「市民」が創る自治政府

欧州の事例では、グローバリゼーションの進む今日、物理的強制力による秩序維持をはじめ、市場管理や社会保障など、既存の国民国家が担い、ほぼ独占してきた「公共的なるもの」を、シティズンシップ、すなわち市民的権利と市民的な資格や能力の再構築によって、その市民が支える多元的で多様な公共空間に再編していく動きが見られた。新たな政治的秩序を自ら形成していく主体は、「市民」であること、実際に「市民」としてこのような「公共的なるもの」を形成していく能力を身につけるため、政治性や権力性を隠ぺいすることではなく、リベラルな視座から「公共的なるもの」を再構築していく力を身につけていくことが進められている。

一方、「市民」を軽視、あるいは敵視してきた日本で、私たちは今、国家主導によって第一に、公共的なものの中に市場原理を浸透させていく、結果として市場原理、競争原理で公共性を破壊していく、そして第二に、公共的なものの再編を排他的で偏狭なナショナリズムの復権と国民国家の絶対化で乗り切ろうとする「改革」の荒波にさらされている。

このところにわかに注目されるようになった道州制の導入も、欧州における自治州の導入の背景とはまったく異なり、新自由主義的な行財政改革、つまり出先機関や自治体のリストラが主たる目的としかいいようがない。この「改革」の波にうまく乗って、市場化と国民国家絶対化の「物語」の中で、自治のあり方や道州制の導入を考えるべきなのか。その枠組みで沖縄の未来を考えていくべきなのであろうか。それとも、今の「改革」がどのような荒波であっても、私たち自ら別の物語を語り、声を大にして発言し続け、ナショナルな物語をしりぞかせ、新たな「公共的なるもの」を作り出すリベラルな物語をつむぎ出すことができるのであろうか。

今、沖縄は、そして日本は、大きな岐路に差しかかっている。自治政府の確立は、国家主導の一過性のイベントではない。永続するプロセスであり、「市民」が協働で取り組む創作活動である。沖縄において、強力な自治州政府が作られるかどうか、世界とつながる沖縄の未来が切り開けるかどうかは、「市民」が作り出す新たな物語を沖縄の人びとが創造し共有し、さらにそれをアジアや世界の人びとと共有していくことができるかにかかっている。

［注］

（1）スコットランド分権の経緯については、北海道町村会編『分権時代の自治体理論』（北海道町村会、一九九五年五月）172～204頁、スコットランド分権改革にともなう教育改革とシティズンシップ教育の事情については、島袋純「スコットランドの教育改革と小学校の現状」『琉球大学教育学部教育実践総合センター紀要』第一六号、二〇〇九年三月、103～116頁、欧州諸国の準連邦制導入の改革とそれに関わる欧州の動向については、島袋純『リージョナリズムの国際比較―西欧と日本の事例研究』（敬文堂、一九九九年二月）を参照せよ。

（2）「沖縄国際都市形成整備構想調査―沖縄本島中南部における都市基盤整備および拠点形成のあり方の検討」沖縄県（財）都市経済研究所、一九九二年。経緯の詳細については、同研究所の以下のURLを参照せよ。http://www.ueri.org/okinawa/okinawa.html

（3）全島フリー・トレード・ゾーン構想は、一九九七年に沖縄県が発起し、田中直樹氏を委員長とする沖縄県産業・経済の振興と規制緩和等検討委員会によって、立案された。以下を参照。「県の産業・経済の振興と規制緩和等検討委員会（田中直毅委員長）は十二日午前、都内のホテルで第二回会合を開き、戦略的な産業振興策の展開について意見交換した。県の吉元政矩副知事は分野ごとの具体策振興策を初めて提示し、規制緩和では貿易の自由化、ノービザ制度拡充のほか、那覇空港などでの貨物便のオープンスカイ（路線や便数の完全自由化）、沖縄-本土間航路の外航扱い、電子商取引の推進-などを新たに要望した。これに対し、委員側から『（県素案は）スケールが小さい』として全島自由貿易地域化構想が提起され、大半の委員が賛意を示した。（琉球新報一九九七年六月一二日付）」

（4）沖縄道州制懇話会「沖縄の「特例型」道州制に関する第一次提言」二〇〇八年五月を参照。当該提言書は、以下のサイトにて全文が掲載されており入手可能。沖縄道州制懇話会URL：http://www.geocities.jp/dk_okinawa/index.html

基地のない沖縄をめざして

沖縄大学名誉教授〔沖縄現代史〕
新崎盛暉

❁日米安保の欺瞞性

仲井眞弘多《なかいまひろかず》沖縄県知事は、二〇〇九年一月、オバマ政権成立直前、「沖縄の米軍基地問題の解決促進について」要請するために、アメリカを訪問した。その知事訪米要請要旨が、沖縄の地元紙に載っている。以下はその前文である。

一、日米安全保障体制を含む日米同盟関係は、わが国及びアジア・太平洋地域における平和と安全の維持に寄与しており、その根幹を担ってきたのが沖縄の米軍基地である。

一、日米安全保障体制が安定的に維持されるために、沖縄の社会的・政治的安定が不可欠で、そのためには沖縄県の過重な基地負担の軽減が必要。日米両国の利益にも資すると考える。

このことを自明の前提として、「米軍基地から派生する諸問題の解決促進」「米軍基地の整理縮小の実現」「日米地位協定の抜本的見直し」の三項目が要請事項として挙げられている。この前文は、現在の沖縄県知事や名護市長、あるいはその支持基盤をなす保守政界や経済界が、沖縄の現状を語る際の前提となる文言である。同時に、日本政府はもちろん、日本のマスコミ、ジャーナリズムの「決まり文句」、「常識」でもある。

だが、この「常識」は、既成事実のなし崩し的積み重ねの中から捏造《ねつぞう》されてきたものであって、決して、具体的な歴史の検証結果として生み出された認識ではない。歴史は逆の事実を物語る。

旧安保条約が対日平和条約と同時に締結されてから六〇年近く、いわゆる六〇年安保改定からでもすでに半世紀が経過した。沖縄は、当初は安保を外から支える役割を担わされ、後に（沖縄返還によって）これを内から支える支柱としての役割を担わされてきた。その間、日本を攻撃した国も、侵攻を意図した国も存在しなかった。東西対立の一方の極であったソ連崩壊後明らかになったおびただしい資料にも、日本侵攻の兆候を示すものは、当然ながら何一つ存在しなかった。中国にも、北朝鮮にも、日本を攻撃する利益も、能力も、したがってその意図も存在しなかった。日本国内のさまざまな政治勢力が、北朝鮮への敵対感情や嫌中感情を意図的に利用し、マスコミがそれに踊らされている現在でも、そうした状況に基本的変化はない。

にもかかわらず半世紀以上も日米安保体制が維持されてきたのはなぜか。

アメリカが、第二次世界大戦後のアジア・太平洋地域における覇権維持の手段として、沖縄を中心とする在日米軍基地を必要としたからである。そして日本政府とその支持層が、戦後一貫して、アメリカの覇権に寄り添い、付き従うことが自らの利益になると信じてきたからである。

アメリカの覇権維持の手段としての沖縄を中心とする在日米軍基地を最大限に利用した戦争は、ベトナム戦争であった。ベトナム戦争は、三〇〇万人を超えるベトナム民衆と五万人にのぼる米軍兵士を殺し、ベトナムの社会と国土を破壊し尽くした。化学兵器枯葉剤の被害は、世代を超えて現在に及んでいる。

ベトナム戦争は、「日本の防衛」に、「アジア・太平洋地域の平和と安全」にいかなる意味を持ったのか。第二次大戦後もっとも残酷なこの戦争を指揮したマクナマラ元米国防長官自身が、すでに、この戦争が無意味で間違ったものであることを認めている。ベトナム戦争は、日米安保の欺瞞《ぎまん》性を歴史的に実証している。わたしたちは、このような歴史的事実を直視するところから、わたしたち自身の平和論、安全保障論を確立しなければならない。

しかし、その後も、日米安保は、条約上の文言は一字一句変えることなく、肥大化を続けている。一九九六年の日米安保共同宣言（「安保再定義」）以後、「日米安全保障体制を含む日米同盟関係」といったことばが、安保条約が定める極東の範囲を超える在日米軍の戦闘行動を容認し、自衛隊の後方支援を促すものとして使われるようになった。そして、ブッシュ・小泉政権の成立によって、米軍の世界的再編とともに、自衛隊の出動範囲もまたたく間に、インド洋やイラクさらにはソマリア沖へと、グローバルな広がりを見せるようになった。

❁日米両政府の基地維持政策と民衆の闘い

日米両軍の地上戦闘の場となり、徹底的に破壊し尽くされた沖縄は、沖縄戦の終了と同時に米軍の直接支配下に置かれることになった。アメリカが沖縄を直接軍政下に置いた唯一の理由は、ここをアジア太平洋地域を支配する軍事的拠点として要塞化することにあった。

戦場を生き延びた民衆が収容所に入れられている段階で、米軍は、沖縄島の四分の一に近い土地を軍用地として囲い込んだ。土地を奪われた農民の多くは、軍作業員（基地労働者）にならざるをえなかった。またアメリカは、大量の余剰農産物を持ち込んで、第一次産業中心の沖縄の産業構造を破壊し、沖縄経済を外部依存型経済に誘導した。

しかし、巨大な米軍基地から派生する事件・事故や米兵による犯罪、政治活動や言論活動に対する弾圧を初めとする軍事優先政策は、民衆の粘り強い抵抗闘争を生み、六〇年代後半には世界的なベトナム反戦運動と連動した民衆闘争の高揚が、米軍支配を破綻に追い込むまでになった。

こうした状況を打開するため、日米両政府は、日米の相対的力関係の変化も背景にしながら、日米同盟再編強化の途を、七二年沖縄返還政策に求めた。在日米軍基地は、沖縄を中心に再編成され、これ以降、在沖米軍基地維持の責任は、日本政府が担うことになった。在日米軍基地の約七五％が沖縄に集中するという状態は、七二年沖縄返還政策の結果として生まれた。

日米同盟強化の一方で、アメリカは、泥沼化したベトナム戦争から脱け出すもう一つの途を、米中関係改善に求めた。アメリカの中国封じ込め政策に追随してきた日本も、急遽、方針を一八〇度転換して、日中国交回復に踏み切った。七二年沖縄返還に合意した六九年一一月の日米共同声明を「日本軍国主義の復活」と激しく非難した中国は、以後、日米安保に言及することはほとんどなくなった。こうした国際関係の変化の中で安保は「当面の国民的政治課題」ではなくなり、基地問題は局地化していった。

そうした中で、沖縄基地の安定的維持を目指す日本政府の政策が展開されていった。

その政策の第一のターゲットは、軍用地主であった。政府は、沖縄返還を境にして、軍用地使用料を、一挙に平均六倍以上に引き上げ、軍用地主から「生活と生産の場」であった「土地の記憶」を消し去り、軍用地を投機の対象にまで変質させた。また、手を変え品を変え、基地所在市町村の財政的基地依存度を高めようと試み、これらの自治体を基地に縛り付けた。基地依存の実態やそこからの脱却の試みについては、すでに第Ⅲ部、第Ⅳ部の諸論考に詳しく述べられているので、ここでは、沖縄社会が、米軍支配時代以上に、構造的には基地維持政策への依存度を高めながらも、米軍基地の縮小撤去を求める県民世論はほとんど弱まることはなかったということだけを指摘しておきたい。その民衆意識を支えていたのは、反戦地主など、いわば少数派の闘いであった。

九五年秋の、米兵による少女暴行事件を直接的契機にした米軍基地の縮小撤去要求の爆発は、こうした民衆意識の表明であった。その背景には、世界的な東西冷戦の終焉があった。東西冷戦の終焉は、米軍基地を半永久的存在であるかのように受け止めていた軍用地主をも動揺させ、返還軍用地の跡地利用の制度化要求なども強まった。復帰後二〇年の軍用地の賃貸借期限が切れる九二年には、新たな反戦地主も登場してきていた。この時期は、反戦地主の土地の強制使用手続きの更新期にも当たっていた。「平和の配当」を求める沖縄民衆の声は、冷戦後も太平洋地域での前方展開戦略を正当化しようとする日米両政府の「安保再定義」と激突した。久方ぶりに、そして束の間の期間、安保は、「国民的政治課題」になりかけた。

狼狽した日米両政府は、SACO（沖縄に関する特別行動委員会）を立ち上げ、「安保再定義」と抱き合わせで、沖縄基地の整理・統合・縮小と日米地位協定の運用改善を打ち出した。整理・統合によって在沖米軍基地は約二〇％縮小されることになった。だがそれは、広大で老朽化した基地を、日本政府の資金でよりコンパクトな最新鋭基地に作り変えるに過ぎなかった。そのため、沖縄基地の整理・統合は、日米両政府の思惑通りにはすすまなかった。そこで、日米両政府は、地元の頭越しに、強権的に、座間、岩国、グアムなどを巻き込む米軍再編の一環として沖縄基地の統合再編策を位置づけ直すことになった。

これに対抗する民衆の対応の一つとして、二〇〇七年九月に開かれた、沖縄戦の記述に関する教科書検定意見の撤回を求める史上最大の県民大会があった。

◎一一万結集の県民大会を生み出したもの

この大会の名称も、要求事項のスローガンも、教科書検定意見の撤回に絞られていた。しかし、ただそれだけで、一一万を超える民衆が結集したわけではない。

歴史的に振り返ってみれば、五六年の一〇万人集会も、名目は、「土地を守る四原則」貫徹だったが、それは、一〇年に及ぶ米軍政総体への怒りの爆発であった。九五年の八万五〇〇〇人を結集した米兵犯罪糾弾の県民大会も、沖縄返還後の政府の基地維持政策総体を批判し、安保の見直しを要求するものであった。同じように、〇七年九月の県民大会も、地元の意向を無視した米軍再編合意、辺野古の新基地建設現場への海上自衛艦「ぶんご」の派遣といった高圧的基地維持政策に対する民衆の苛立ちが、沖縄戦の記述を国家や軍隊の正当性をできるだけ損なわない方向に修正しようという検定意見に触発されて爆発したものだといえよう。

沖縄戦を直接体験した人びとは、年々減少している。しかし、沖縄戦の体験は、戦後世代を含む少数派の言論活動の地道な努力の積み重ねによって、世代を越えた継承・共有化がすすんでいる。社会的に共有された戦争体験・戦後体験が、日常生活の次元における経済的政治的分断を乗り越えて、圧倒的多数の民衆を結集したのである。

もちろんこの大会に表出した民衆のエネルギーは、ひと時のものであり、現状を打開する力としてこれを方向付ける理論も、思想も、組織も、そしてリーダーシップも、いまだ不在である。したがって、やがてそれは、またもとの構造的に分断された日常の中に拡散していくだろう。だが、そこに、分断的構造が深まる日常の中に潜在する沖縄の可能性が示されていたことを見逃してはならない。

❁沖縄が東アジアで果たしうる役割

最近、国際関係が大きく変化する中で、東アジア共同体が話題となることが少なくない。その場合の東アジア共同体は、経済的な相互依存・共通の経済的利益を求める国家間関係を指しているように思われる。ここでは、沖縄、韓国、中国、台湾等の、民衆レベルの国境を越えた交流の意味するものについて考えてみたい。

九五年の沖縄民衆の米兵犯罪を糾弾し、日米安保の見直しを求める決起に、もっとも注目したのは、ヤマトの民衆以上に、駐韓米軍犯罪根絶運動本部を立ち上げ、韓米行政協定（ＳＯＦＡ）の改定を要求していた韓国の民衆運動であった。それ以前からも、沖縄戦に強制連行され、犠牲になった朝鮮人軍夫の慰霊行事などを通して、沖縄と韓国の民衆レベルの細々とした交流はあったが、大衆レベルで、韓国の民衆に、単なる日本の一地域ではない沖縄、独自の歴史的主体としての沖縄民衆が見えてきたのは、このときからであろう。このときから、日韓民衆交流とはやや次元をことにする沖韓民衆の多様な交流がはじまり、深まっていく。

この交流を通じて、沖縄側からも、日本による朝鮮の植民地支配、沖縄戦への朝鮮人慰安婦・軍夫の強制連行、といった断片的な歴史的知識を超えて、軍事独裁下から民主化への大きなうねりを作り出し、朝鮮半島の自主的平和的統一へ向かう歴史的主体としての韓国民衆の全体像への認識も深まり、米軍政や地上戦という歴史的体験を共有し、今なお米東アジア軍事戦略の最前線に位置づけられている両者の課題も見えてきた。米軍再編問題を、より切実感をもって受け止めているのは、ヤマトの民衆以上に、沖韓の民衆ではあるまいか。北朝鮮に対するヒステリックな「国民」世論を鎮める鍵の一つが、韓国民衆との相互理解を深めることにあるように思われる。

この数年、頻繁に行われるようになってきた日中（韓）の学術・文化交流の場でも、「沖縄」が独自の発言の機会を与えられることが多くなったような気がする。もともと沖縄は、その歴史的背景からいって、中国への親近感は強い。だが、人民中国成立以後の現代史においては、中国から見れば、何よりも米軍事拠点沖縄という印象が強かったのではないかと思われる。その中国でも、単なる日本の一地域ではない沖縄、独自の歴史的主体としての沖縄民衆に対する認識が、広がり始めているように思われる。わたしの『沖縄戦後史』や『新版・沖縄現代史』（共に岩波新書）が、北京で翻訳出版されるのもこのような動きに連なっているのかもしれない。

また、台湾と沖縄、とくに八重山諸島とのつながりはもともと強い。石垣島に水牛を連れて移住・帰化した台湾農民も少なくない。沖縄返還後でさえ、パイン工場に台湾から出稼ぎに来る労働者がいた。

与那国《よなぐに》島では、対岸の花蓮市との交流実績を積み重ねてきたが、今年四月、石垣市、竹富町、与那国町の一市二町の首長がそろって台湾を訪問し、台湾側と国境を越えた共同観光生活圏会議を行い、「国境交流推進共同宣言」に調印した。

その八重山がらみの日中の懸案事項に、尖閣《せんかく》諸島（釣魚島）問題がある。今年（〇九年）二月の衆院予算委でも、麻生首相が、「尖閣は日本固有の領土である以上、日米安保条約の対象だ」と発言して中国側の強い反発を招いている。

では、沖縄の民衆は、どう考えているのか。

尖閣諸島を市域とする石垣市長も市民も、あるいは先島《さきしま》諸島の民衆も、ほとんどの人たちが、ここを歴史的に形成された自分たちの生活圏と考えており、沖縄全域の人びとも、同じ認識を持っている。

その石垣市の石垣港に、今年四月、沖縄返還後初めて、日米地位協定をたてに、米第七艦隊所属の軍艦二隻が、石垣市長をはじめとする市民の強い反対を押し切って、強行入港した。この件について中曽根弘文外相は、「米軍艦船の日本への寄港は、……国がその是非を判断するものだ。国の決定に地方公共団体が関与し、制約することは港湾管理者の権能を逸脱するものだ」（三月三〇日、参院外交防衛委員会）と市長を強く牽制している。

「固有の領土」論を振りかざして、ここに国旗を立てようとする嫌中派の日本人や、同じ主張をする反日派の中国人は、力を背景に、いいかえれば軍事主義的発想に基づいてことに臨もうとする。ここを生活圏と捉える地域住民は、あくまで生活者の視点に立って、軍事化の波がこの地域に及ぶことを極力回避しながら、平和裏に問題を解決しようとする。国家主義に傾斜しがちな——それは軍事主義に傾斜しがちということでもあるのだが——日中両国家の狭間にあって、日本に属しながらも親中的な沖縄の存在意義がそこにある。

沖縄は、日米安保、いいかえれば覇権主義的日米同盟の欺瞞性を暴《あば》き、軍事基地のない島をめざすことによってはじめて、押し付けられた社会的歪みを克服し、東アジアの民衆と手を携え、世界の平和に貢献することができる。沖縄の未来にそれ以外の途はない。

「いまこそ発想の転換を！」実行委員会＝活動記録

◆２００８年4月27日【沖縄県立博物館・美術館講堂】
シンポジウム「押しつけられた常識を覆す
――安保、自治、環境の視点から」
我部政明「沖縄に新基地は不必要」
島袋純「振興開発は経済と自治を破壊する」
桜井国俊「辺野古新基地は沖縄の未来と奪う」
司会：新崎盛暉

◆２００８年5月31日【沖縄県立博物館・美術館講堂】
ティーチイン「押しつけられた常識を覆す
――経済の視点から」
基調報告：平恒次「押しつけられた常識を覆す」
討論１：来間泰男「沖縄経済の自立について」
討論２：大城肇「常識への挑戦」
討論３：仲地博「独立琉球共和国・日本琉球連邦・沖縄州」
司会：星野英一

◆２００８年7月5日【沖縄大学本館大会議室】
勉強会：他者の視点と沖縄
普久原均（琉球新報社）「防衛省、官邸が考える沖縄政策」
屋良朝博（沖縄タイムス社）「ハワイからみる沖縄と米軍再編」

◆２００８年8月14日
18人委員会による「沖縄での新基地建設に反対する声明」

◆２００８年10月19日【沖縄大学２号館４０６教室】
シンポジウム「押しつけられた常識を覆す
――つくられた依存経済」
宮田裕「対沖縄政策の形成メカニズム」
前泊博盛「対沖縄政策の系譜―安保維持装置として」
佐藤学「対沖縄政策の行財政への影響」
コーディネーター：新崎盛暉

◆２００９年1月31日【琉球大学法文学部会議室】
勉強会：オバマ政権の課題と展望
佐藤学「オバマ新政権について」

◆２００９年2月16日
ヒラリー・クリントン国務長官宛のグアム移転協定反対書簡

◆２００９年3月29日【琉球大学法文学部新棟２１５教室】
シンポジウム「押しつけられた常識を覆す
――基地のない島をめざして」
問題提起：宮里政玄
星野英一「基地のない沖縄の国際環境」
佐藤学「オバマ政権のアメリカ：経済と対外政策」
島袋純「分権論道州制論の進展と世界に繋がる沖縄の自治」
松元剛「脱依存型の企業マインド――」
司会・総括：新崎盛暉

沖縄における新基地建設に反対する声明

日米戦争の最終局面で、当時四〇万人が暮らしていた沖縄の人々のうち一〇万人以上の命が失われた。そして、沖縄を占領した米軍は沖縄島と周辺の島々に基地を建設した。六三年以上が経過して今なお、米軍基地は沖縄島の五分の一を占めているこの米軍の存在は、長い時間をかけて沖縄の社会、政治、経済そして文化にさまざまなゆがみを生んでいる。

こうしたゆがみは、米軍基地を沖縄から動かさないとする日米両政府の政治的決断のまえで、少数者を多数の力で抑え込み、沖縄の財政・経済を政府に依存させる巧みな仕組で作り上げられた。その結果、経済的利益と引換えに基地を受け入れることもやむをえないかのような誤った考え方をも生んでいる。

なぜ沖縄に米軍基地が置かれ続けるのか。ひとつには、沖縄が本土から離れ、日本の人口の一%にも満たない場所だから迷惑なものも許される、という論理がある。そこに軍事的な合理性はなく、沖縄を経済的な弱者にしておけば、沖縄からあがる声を政治的に抑えこめるとする考えがあるにすぎない。沖縄島で人口過密な中南部から、人口の少ない北部へと新しい基地を建設しようとしているのも、同じ論理によるものである。

沖縄県は南北四〇〇キロ、東西一〇〇〇キロに及ぶ海域をもつ。ほぼ東京から九州までの日本本土の半分の面積に相当する。その海域に点在する島々は、人間だけが暮らす空間ではない。そこには、植物や動物などとともに土、光、海などによって構成される自然空間が広がっている。山を壊し海を殺す基地建設は、現在の沖縄に不要であるのみならず、将来の世代までをも危険にさらすのである。

いま、地球社会の一員として人類が暮らすことの重要さが強調されているのは、20世紀後半から蔓延する核、貧困、環境破壊などの恐怖が人々の心を動かしたからである。人々が暮らす沖縄のなかに、人が少ないからという理由で犠牲にしてもよい空間はもう存在しない。沖縄は人間と自然の一体化したひとつの島空間であり、沖縄の人々にとってかけがえのない沖縄なのである。

わたしたちは、沖縄を地球社会の殺戮と破壊の根拠地とすることを望まない。

わたしたちは、沖縄に新たな軍事基地を建設することに反対する。

日本が無条件降伏を受け入れた日から
六三年目の二〇〇八年八月一四日に。

東江平之（琉球大学名誉教授）、新川明（フリー・ジャーナリスト）、新崎盛暉（沖縄大学名誉教授）、大城立裕（作家）、大城光代（弁護士）、我部政明（琉球大学教授）、来間泰男（沖縄国際大学教授）、桜井国俊（沖縄大学長）、佐藤学（沖縄国際大学教授）、砂川恵伸（元琉球大学長）、仲地博（琉球大学教授）、比嘉幹郎（政治学者）、星野英一（琉球大学教授）、照屋寛之（沖縄国際大学教授）、三木健（フリー・ジャーナリスト）、宮里昭也（フリー・ジャーナリスト）、宮里政玄（沖縄対外問題研究会代表）、由井晶子（フリー・ジャーナリスト）

出港準備の強襲揚陸艦エセックス
ホワイトビーチ、2008年９月21日
（撮影：世嘉良学）

ヒラリー・R・クリントン米国務長官へ

日米両軍の戦場となった一九四五年から現在まで続く沖縄の米軍基地の存在は、沖縄の人々から歓迎されたことはありません。米軍基地をめぐって沖縄の人々は自らの意思を表明する機会すら奪われてきました。ウッドロー・ウィルソン米大統領は、一九一八年に世界に向かって明らかにした14カ条の平和原則で自決権について次のように述べています。「当事者である住民の利害が、法的権利の決定を持つ政府の請求と同等の重みを持たされなければならない」という自決権は、世界平和を実現するための不可欠な条件であると。21世紀に入ってもなお、この自決権のかけらさえ沖縄の人々には遠い存在のままなのです。沖縄における基地問題の原点はここにあります。

米大統領や米国議会が、たとえ米軍基地の存在に苦しむ沖縄の人々へ感謝の気持ちを表明したとしても、それは決して沖縄の人々には届きません。強制的に沖縄の人々から土地を取り上げて建設された米軍基地、米兵が中学生をレイプしても日本の裁判権を制限する日米の取り決めの存在、米軍の使う飛行場建設のためにサンゴ礁を破壊しても日本政府が建設するのだから米政府は関知しないとする態度などを、沖縄の人々は目のあたりにしてきました。また、米国での設置基準に違反していても使われ続ける米海兵隊飛行場に不安と危険を覚え、人が寝静まる深夜・早朝に轟音をたてて飛び立つ米軍機などの騒音に今なお悩まされています。こうした負荷が、狭隘な島々の沖縄に六四年以上もの間、かかり続けているのです。米軍基地の存在は沖縄の経済や政治だけでなく、社会のありようや人間の誇りまでをも歪にしているのです。痛めつけられながら「よく我慢してくれてありがとう」と言われて、その通り受け入れられると思いますか。

沖縄は、いうまでもなくアメリカの領土ではありません。約五万人の米軍将兵やその家族が、自国のごとく行動すべき空間ではありません。なによりも忘れてもらいたくないことは、沖縄を構成する島々には、あなたの家族、友人と同様に世界人権宣言が唱える「生まれながらにして自由であり、かつ尊厳と権利において平等」に扱われるべき人々が暮らしている現実です。

人類誰もがもつ固有の尊厳と平等で譲ることのできない権利が、沖縄の地では守られていません。今なお基地を置き続ける日米両政府はかつて、一九五二年のサンフランシスコ平和条約で米軍による事実上の軍事占領を合法化し、一九七二年の沖縄施政権返還後には基地存続のために、経済的・財政的恩恵という名の代償を沖縄につぎ込んできました。日米両政府の対沖縄政策はかつての「力による支配」から、より残酷な「カネによる支配」へと姿を変えてきています。

その残酷さとは、沖縄経済や財政において代償となるカネへの依存度を高め、そのカネから逃れられない状態を作り出して、基地を受け入れる以外の選択肢を沖縄の人々から奪っていることです。同じ国民であっても日本の中で差別されている沖縄の現状は、不条理というしかありません。米政府は、いわば日本政府による対沖縄「麻薬漬け作戦」に依拠する形で、世界の秩序と安定にむけた超大国の役割を果たしているのです。社会的弱者の人権侵害、地球の財産であるサンゴ礁の破壊が、現実の沖縄で進行しているのです。それらは、先進工業国であり民主主義国である日本の領域内で起きているのです。

沖縄の人々から「人間としての尊厳」を奪っている状態の上に米国の価値観を中心とした「世界秩序」そして「日本の安全」が築かれているということに、世界の平和に関心をもつ者は関心を寄せるべきです。沖縄の現状は、人類が修復すべき地球の裂け目の一つなのです。それは人類が解決すべき課題のほんの小さな一つに過ぎないと言えるかもしれません。しかし、そこに暮らす人々から支持を得ない軍事基地は、その地からいつ追い出されてしまうのかという不安を抱え、危機に直面し続けます。こうした米軍の抱える不安や危機という負担が沖縄の人々の側へと押しやられてくるのです。

日米両政府は二〇〇五年と二〇〇六年に在日米軍基地の再

編協議で結論を出しました。それは、沖縄に新しい基地を建設して、沖縄での基地維持の長期化を狙っています。この計画は、長い間にわたる負担を抱えてきた沖縄の人々に、日本の国民誰もが嫌がる負担を押し付けるものです。クリントン国務長官の訪日中に調印予定されている、在沖米海兵隊のグアム移転をめぐって日米両政府が新たに締結する協定に、沖縄の人々のほとんどは反対です。

・私たちは、日米両政府に対し新基地建設（沖縄県名護市での飛行場、東村でのヘリ・パッド）の中止を求めます。

・私たちは、日米両政府に対し米軍再編合意のパッケージ取引が強者の論理に過ぎないと考えており、無条件での普天間飛行場の返還を求めます。

・私たちは、日米両政府に対し米軍基地の一層の縮小（計画されている嘉手納以南の米軍基地返還を含む）を求めます。

クリントン国務長官には、この訪日を機会にして民主主義、人権、環境の視点から六四年にわたって沖縄が陥れられている現実を理解していただき、オバマ新政権で新たな対応を検討するよう期待しています。

景気の深刻な後退から脱却を目指してオバマ大統領は、日本経済の「失われた一〇年」を反面教師としています。沖縄の人々は、米軍基地による「失われた六四年」の終わりの始まりを希望しています。

二〇〇九年二月一四日

新川明（ジャーナリスト）、新崎盛暉（沖縄大学名誉教授）、大城立裕（作家）、我部政明（琉球大学教授）、桜井国俊（沖縄大学学長）、佐藤学（沖縄国際大学教授）、島袋純（琉球大学教授）、比嘉幹郎（政治学者）、星野英一（琉球大学教授）、照屋寛之（沖縄国際大学教授）、三木健（ジャーナリスト）、宮里昭也（ジャーナリスト）、宮里政玄（沖縄対外問題研究会代表）、由井晶子（ジャーナリスト）

キャンプ・シュワブに上陸する水陸両用車。2007年７月24日（撮影：世嘉良学）

［編著者］
宮里政玄　新崎盛暉　我部政明
［執筆者］
大城　肇　来間泰男　桜井国俊
佐藤　学　島袋　純　平　恒次
仲地　博　星野英一　前泊博盛
松元　剛　宮田　裕

沖縄「自立」への道を求めて
◆基地・経済・自治の視点から
●二〇〇九年　七　月二五日――――第一刷発行
●二〇〇九年一〇月一〇日――――第二刷発行
編　者／高　文　研
発行所／株式会社　高　文　研
東京都千代田区猿楽町二－一－八
三恵ビル（〒一〇一＝〇〇六四）
電話　03＝3295＝3415
振替　00160＝6＝18956
http://www.koubunken.co.jp
組版／Web D（ウェブ・ディー）
印刷・製本／三省堂印刷株式会社
★万一、乱丁・落丁があったときは、送料当方負担でお取りかえいたします。

ISBN978-4-87498-425-3　C0036